靈 與 肉

－趙迺定小說集早期作品之一－

趙 迺 定 著

文 學 叢 刊

文史哲出版社印行

國家圖書館出版品預行編目資料

靈與肉：趙迺定小說集早期作品之一 / 趙迺定著 --
初版 -- 臺北市：文史哲, 民 102.12
　頁；公分（文學叢刊；310）
　ISBN 978-986-314-160-0（平裝）

857.63　　　　　　　　　　　　102026807

文 學 叢 刊 ₃₁₀

靈　與　肉

趙迺定小說集早期作品之一

著　　者：趙　　　迺　　　定
出 版 者：文 史 哲 出 版 社
　　　　　http://www.lapen.com.tw
　　　　　e-mail：lapen@ms74.hinet.net
登記證字號：行政院新聞局版臺業字五三三七號
發 行 人：彭　　　正　　　雄
發 行 所：文 史 哲 出 版 社
印 刷 者：文 史 哲 出 版 社
　　　　　臺北市羅斯福路一段七十二巷四號
　　　　　郵政劃撥帳號：一六一八〇一七五
　　　　　電話886-2-23511028 · 傳真886-2-23965656

定價新臺幣二六〇元

中華民國一〇二年（2013）十二月初版

自　序

　　個人從事文學創作，自一九六一年首篇詩處女作發表於《自由青年》以來，寫作歷史已歷半個世紀，其間對詩、散文、小說、兒童文學及評論等，均有所涉入。茲將原已於報章雜誌發表過的作品，重新檢視並擬予分類結集。

　　個人所以要再自行檢視，或者是因發表當時仍有疏漏，應予補空；或者因時空轉變，人生歷練不同，感悟與所得有所不同，值諸結集發表之際，增補其內涵，慎重其事，此或可謂係「第二次寫作」。也因係定義爲「第二次寫作」，所以進度費工，與初創類同；惟其絞盡腦汁的苦楚，自也是苦行態勢，個人願意承受。

　　就個人早期作品之結集，其中詩集分《鞋底・鞋面 ── 趙迺定詩集早期作品之一》、《沙灘組曲 ── 趙迺定詩集早期作品之二》；散文集分《南部風情及其他 ── 趙迺定散文集早期作品之一》、《麻雀情及其他 ── 趙迺定散文集早期作品之二》；而小說集則分本集之《靈與肉 ── 趙迺定小說集早期作品之一》、《美麗樹悲歌 ── 趙

迺定小說集早期作品之二》，共六集。至於其他作品，則再行結集處理。

　　本集共蒐集中篇小說《靈與肉》及其他短篇小說十一篇，合共十二篇。其中發表於台灣日報及台灣文藝各三篇、中華日報及自立晚報各二篇，而台灣時報及文藝月刊各一篇。其發表年代爲 1976 年至 1982 年間。書後所附《寫作與我、小說與小說家的要件及本集導讀》（代後記），或許對暸解本集各篇主題有所幫助。

趙迺定　謹識

2013.10.28

靈　與　肉
── 趙迺定小說集早期作品之一

目　　次

愛國獎券的風波

「愛國獎券呀，五十張，八折優待！」一大早，只聽方專員一聲吆喝，他一向最早上班。而當我抬頭看，只見方專員高高的身材站著，手中正招搖著厚厚的一大疊愛國獎券；這時幾乎所有的同事都把目光轉向他，大家都在期待看熱鬧。可惜，沒有哪一位應聲願意買他手上的愛國獎券。我心裡想著：哪來那麼好事，打那麼大折扣，那些愛國獎券八成是對過沒中獎的！

「再折價好了，就算三百元好啦！」方專員又一聲吆喝，整個辦公室頓然又騷動起來。

也許是大伙兒每天只要聚精會神花上兩個小時辦公就好；我的意思是說，把那些工作累加而不計算等待時間。所以，其餘六個小時就是聊天、打毛衣，或看報、喝茶。上班日子是輕鬆了一點，根本無須太多勞力或腦力激盪。也就是說，輕鬆得簡直有點太過無聊或者太單調了；因此似乎每個人都巴不得辦公室裡每天稍有點風聲雨聲的，而如果有那麼一點熱鬧，那倒是大家所誠心企盼；所以他們

日常裡就會「抽虎鬚」或者鬥鬥嘴的，反正閒極無聊。

　　「這是路上撿的啦，所以我才折價出售！」方專員解釋著。

　　「那就奇怪啦，我怎麼撿不到，你卻撿得到！準是你自己買的，對過沒中獎！」警衛湊過來說。

　　「我的命好，你要不要，就算你兩百元好啦。我發誓絕對沒有對過！你想，這麼一大早，哪來報紙可以對獎呢？」

　　那一疊愛國獎券即使下殺到兩百元，只有原價四折；可是，還是沒有人應聲願意買。顯然的，沒有哪個人願意賭那個『便宜也有好貨』的賭局。但是，此時依然可以看得出來，每個人的身體都在搖動，心也在動，就像乾枯潭心驟然起了一陣風吹的漣漪。我在想每個人都喜歡看戲，愛湊熱鬧，都在漾著看戲的興奮。而阿雄也一樣，他前傾著身子，眼中流露出貪念神色，而他的嘴角還濡著泡沫呢。我想那疊愛國獎券對阿雄來說，還真是很誘惑，也讓他興奮。

　　「最後叫價，只賣一百元，有沒有人要！」方專員瞄了一眼周遭聚攏過來的人。突然他又高聲喊著：「再沒有人要買，我就丟進垃圾桶了！你們不要我也不要了。」

　　或許警衛看得出阿雄是競爭對手，他睖了阿雄一眼，然後帶著懇求的急促聲音對方專員說：「讓我對對獎，中獎就二一添做五，你一半我一半好了。」

　　可是，方專員沒有理會他。接著，方專員執意的、狠

狠的將愛國獎券往垃圾桶裡扔進去，並且還狠狠的吐了幾口濃痰，活像要將那股霉氣吐掉一樣！說時遲那時快，警衛也一個箭步往垃圾桶衝；可是阿雄的速度更見迅速，他也不管獎券上有沒有沾著濃痰，一把就撈在手上。雖說警衛的速度是慢了一點，可是他也不是省油的燈，也只差上那麼一、兩秒時間而已。所以，警衛很不錯的也抓到那疊愛國獎券的一個邊角。

「喂，見者有份，二一添做五！」警衛瞪著眼吼著。

「去你的！」阿雄用肩膀頂了過去，正頂中警衛的胸膛，害得警衛跟蹌後退了好幾步。接著阿雄更不含糊的，不由分說就迅速的把愛國獎券往口袋裡塞進去，希望這一來可以免得再被搶。

「他媽的，你敢打警察！」警衛叫著。

「打警察！我哪有？我打的是守衛，不是警察。我是職員，而你是特種警察，也就是守衛的閒差。誰叫你搶的，當個警衛還敢對職員用搶！他媽的！真不識相。」阿雄叉著腰理直氣壯的叫著。

警衛吃了一個啞巴虧，不禁惱羞成怒。他突然一轉身就往阿雄那邊衝過去，接著擺出打架的架勢。他瘦黑的軀幹傴僂著、顫抖著，其實他只是擺出一副不願輕易善罷干休而已；而他的那個樣子，就活像一隻肥貓在狼狗跟前裝腔作勢。他是不得不擺出裝腔作勢的姿態，雖說特種警察的悠閒工作並沒有把他養肥胖，但在大庭廣眾面前，他仍不得不維持虛張架勢，以便儘量保持自己基本的顏面。

　　阿蓋丟下報紙，無精打采的勸著架。事實上，看他那種勸架的樣子，倒像不真要他們停止爭吵一樣。阿蓋是這麼說著的：「何必嘛，這像什麼話，這裡是辦公廳哩！」於是阿琪也圍上來了。經過幾個人好說歹說、東勸西勸的勸了老半天，最後才把警衛準備打架的架式勸消了。

　　「他媽的，你給我記住，我不會放過你的，不要讓我在外面碰到你！碰到就有你好看！」警衛奉送阿雄一句恐嚇的話，自顧自走回他的桌子前。在那桌子上，有他的茶水杯，而現在正是他值班的時間；如果等到下午時刻，那裡的茶水杯又改為他人的了，交班了。而阿雄則是嬉皮笑臉，匆匆走進盥洗室。

　　後來我為了要去小便，也就到盥洗室。但當我還在盥洗室外面的時候，我就聽到盥洗室裡面有人說：「對呀，洗一洗再對對看，也許可以對個一、兩張，也許有漏網之魚也說不定。那麼多張，既使已經對過一次，再對一次也無妨！反正又不花本錢。」

　　是誰在出餿點子？我很好奇。我別過頭看一眼，原來是阿凱。我小便了以後，又折回座位，執行我的蓋章付款工作。而當我正無聊時，我望見阿雄露出一臉止不住的笑意。而且他拿著那疊撿來的愛國獎券，有點遲疑的走了過來。我望了他一眼，然後又偷瞄他手裡的愛國獎券。看得出來的，那些愛國獎券都是很乾淨了，一點也看不到濃痰，只是似乎還有一點點衛生紙的紙屑黏在上面；八成阿雄是用衛生紙擦拭的，而且擦得很乾淨。阿雄臉上流露一抹笑

意，有如獲至寶的喜悅，他小心翼翼的將愛國獎券鎖進抽屜裡。

「報紙來啦！」阿蓋眼尖，他高聲喊著：「給阿雄先對獎，對中了，我們也有吃的啦。」因為這個營業廳算是不小，而來領錢的又都是阿兵哥，那些阿兵哥講起話來都習慣性中氣十足。所以，在那個營業廳裡辦公的人，在相互交談時，也習慣用盡聲嘶力竭的吼叫，否則對方恐怕聽不到，而日久之後，大家的嗓門也都變大了。

除了警衛以外，其他的人很多圍了過來。阿雄很大方的攤開報紙說：「幫我看看，中獎就請客。」阿雄也不管獎券上那一點點黃白殘跡，他用大指姆按著整疊獎券，然後抽出其中一張來看。

「三五七六八九。」阿雄唸出號碼。

「不，該先對末獎。」方專員很有經驗的指導著。

「是該先對末獎，機率大一點，也容易對。」有人附合著。

「三四～五六，末獎沒啦！」

「三五七～九八二，也沒有啦。」

對了老半天，終於對完一張，阿雄顯然有點失望。接著，阿雄又掏出第二張，第三張，第四張……；可惜，總是一次接著一次的失望了。

阿蓋和阿琪，也顯得很無趣的各自走回自己的辦公桌。我睨了一眼警衛，他正流露出一絲玩世不恭的神情。而阿蓋正翻著昨天還沒打好的毛線衣。

　　突然阿雄提高嗓音尖叫說：「三五六，噯，就差那麼一號就中一百元，噯，可惜！」營業廳裡，經過阿雄這一叫嚷，立刻又引起阿蓋和阿琪的興趣。他們兩個人就又相繼湊了過去。警衛坐在他的辦公桌後面，他正晃著右腿，看來顯得有點兒不自在，似乎他也想過去湊湊熱鬧的，可是他又拉不下臉皮，因為剛才跟人家吵了一架，怎麼好意思就湊了過去呢？

　　接著，阿雄又一張張的對著獎券。最後，終於對完了二十幾張，可是竟然沒有任何一張沾上邊的。而在這時，突然方專員又大聲的尖叫：「中啦，中啦！」營業廳裡大伙又是一陣騷動，阿蓋和阿琪就好像饞嘴的小孩，看到棒棒糖一樣問著：「中多少，中多少？」

　　「哪裡？」另有人則問著。

　　「在哪裡，在哪裡？」

　　看到大伙的驚慌樣子，方專員禁不住「噗哧」一聲的笑起來。這時大伙才恍然大悟被騙了；於是辦公室裡突然又是鴉雀無聲的。

　　而阿雄還是耐心的一張接著一張的對著獎。「完啦，全『槓龜』啦。」最後阿雄囁嚅著說。大伙又是一陣的嘩笑，那個樣子好像在說，自己本來就在看笑話的，從來也沒有寄望過阿雄的中獎請客！

　　「我本來就知道，這是開玩笑的啦！」警衛幸災樂禍的陶侃著。

　　「你知道！見鬼，要是早知道，那還搶什麼搶？」

「鬧著玩，鬧著玩的！」

「沒關係啦，又沒花本錢！」我拍拍阿雄的肩安慰他。

突然，阿雄的眼睛一亮，那意味著他又有什麼捉弄別人的鬼主意。他鬼靈精怪的說：「我們把獎券送到三樓去丟！」

「好啊！」有人附和著。

福利社裡冷冷清清的，只有幾個顧客，斜依在櫃檯旁，正和店小姐窮瞎扯。

「丟哪裏，丟那個不是顯眼也不是不顯眼的地方。」我指指最裡邊那根柱子底下，而後我們若無其事坐在靠邊長椅子上。

阿雄就將獎券往口袋裡一塞，緊張得沒有注意到獎券還露出一半在口袋外面。喜歡惡作劇的人，竟然也會心虛！阿雄佯裝悠閒到柱子那邊去，而後裝著不經意的就讓獎券自然的掉落；然後他依舊裝著沒發覺的樣子離開福利社。

我注意到有位平時看起來很忠厚老實的人，他的兩眼骨碌的轉了好幾圈，然後他趁著沒人注意的時候，把愛國獎券撿走了。

「哪個人撿去的！」阿雄禁不住好奇的輕聲問我。

「我不知道耶！我不認識他。」我說。接著我們兩個人笑得合不攏嘴。

中午，當大伙兒在「抽虎鬚」的時候；我還一直的在想著那一疊愛國獎券的事，可不知道獎券的下落在哪裡？而又有哪個倒楣鬼要去白花力氣對獎了！

「討厭！又是十元的。」阿凱的運氣總是驚到家，每次總是抽到「大頭」，付錢最多，然後每次她又都會說：「下次不來了！」

「下次！好，好，下次不來，那麼妳明天來好了，也許妳明天就免費的白吃了！」

「唔，明天也許就白吃了。」阿蓋傻呼呼的笑著。

不一會兒，警衛進來了，他手裡揚著一疊的愛國獎券，狡黠的眼裡亮著逼人的戲謔神色，他說：「楊專員，這是你的嗎？」

「不是。」楊專員瞄了一眼警衛手裡拿的愛國獎券，急忙否認著，接著又反問說：「有什麼事嗎？」

我感到很奇怪的，那疊愛國獎券都已經被丟到三樓去了，怎的又落到警衛的手裡？

「你早上不是在拍賣嗎？怎麼會說不是你的！」

「好，好，是我的，是又怎樣！」楊專員不懷好意的把問話頂撞回去。

「你要在這個失物招領欄簽章,把愛國獎券領回去！」

「什麼，還要我簽章領回！」

「當然要簽名蓋章具領了！」警衛斬釘截鐵的說。

「那是我不要的東西呀，我已經丟進垃圾桶了。是我不要的東西！爲什麼還要我簽章具領！」

「那是有人拿來報案招領，說是撿到這麼的一疊愛國獎券；而這疊愛國獎券，我曾親眼目睹，所以我知道本來是你的。所以按照正常的招領手續，你是失主，你就要簽

名蓋章領回去，否則我就沒辦法結案了。而且如果你不願領回，那我就簽報處理了，說你拒絕具領，那時你就有得瞧了！」警衛叉著腰堅持著。

　　這時只見辦公室裡又是一陣的嘩笑，除了兩個人，一個是楊專員，一個是警衛。而那時的楊專員，還傻呼呼的站著、愣著的；而那警衛則靠著櫃台邊，盛氣凌人的叉著腰，一副得理不饒人的樣子。

（刊台灣文藝 51 期 1976.04）

陰錯陽差

　　雖說這是一個自由戀愛的時代，可是由於每個人的接觸面狹窄，有時還真難找到合適的對象，所以偶而會有年輕小伙子找上王媽幫忙介紹朋友。說是找朋友，倒是含蓄的說法，若說是找對象，倒頂恰當的，哪個年輕人不思春？

　　而當王媽到了教堂的庭院前，秋明荃和黃金木已在那裏等了很久；今天的相約，主要是要為秋明荃介紹一位教友做朋友。

　　「早，王媽。」

　　「早，來多久了？」

　　「剛來。」

　　「我們進去再談好嗎？」王媽一面說一面領先走進教堂。於是大伙也相繼跟進去。待大家坐定，王媽指著前面彈著鋼琴的女孩說：「她怎樣？」

　　王媽看到秋明荃似是被吸引住了，眼珠子直瞧著，而這種情形已經不是新鮮事，因為她確實太嬌艷了，而那種嬌艷的美，足可吸引所有人的注目禮，何況是初次見到她

的男生，當然更驚爲天人。

　　孫亞萍彈著琴伴唱了幾首聖歌，就直趨王媽坐的地方過來。她笑容可掬，顯得落落大方，可以看得出來是大戶閨秀。

　　「這位是秋明荃，他是黃金木，都是台大高材生。她是孫亞萍，孫小姐是家專的。」王媽爲他們略爲介紹。然後他們就個自聽著牧師的佈道，也朗讀著經文，後來他們還傾聽其他教友們的見證。

　　作完禮拜，大夥走出教堂，王媽這時邀請他們一起到音響中心聊天交誼、品嚐咖啡和聽音樂。所謂音響中心，其實就是在佈置很典雅的裝潢裡，也佈置著柔和的燈光，並且不間斷的播放著交響樂曲，是提供人們聆賞交響樂、品茗、品咖啡、休閒聊天的場所。

　　「要點什麼嗎？」王媽徵詢大家。

　　「Lady first.」秋明荃謙虛的把飲料單交給孫亞萍。

　　「你先點。」孫亞萍客氣一下。後來她還是點了一杯檸檬汁。

　　「我也要檸檬汁。」有人唱合。

　　「檸檬汁。」又有人說。

　　王媽看他們三個都點了檸檬汁，所以也要了一杯。男生都是這樣，初見漂亮女生總是手足無措失去了自己的主張。

　　「孫亞萍很會彈鋼琴，而且講起中、英文來，那是字正腔圓溜得很。也因之，常常協助教會主持各種活動，當

司儀什麼的。」

「久仰，久仰。」秋明荃禮貌的應和著。

孫亞萍啓唇，晶瑩貝齒就露了出來，很美。她「噗哧」一聲笑說：「久仰，你什麼時候聽過我彈鋼琴。」

秋明荃頓然臉紅了起來，事實上他本來就很容易臉紅的，尤其面對漂亮的女生。而現在，他不但是面對漂亮的女生，而且更被揶揄著，這怎讓他受得了呢？所以就讓他更加的漲紅了臉，而久久不消退。

「他的意思是說妳很能幹。」王媽連忙打圓場的說：「秋明荃在我們公司上班，他是研究生。」

「哦，研究生呀，有學問，……以後還請多指教！」

「哪裡，那是混出來的。喔，對啦，這個禮拜天我們要去烤肉，妳要不要去？」

「要烤肉，到哪裡？」

「情人谷呀，在新店，就是距離新店市區兩公里的地方。」

「都是些什麼人呀？」

「都是同學。」

「好呀。」

王媽看著年輕人很談得來，而且已經介紹過，任務完成了，何況自己還有其他的事要辦，所以就先行離去。當然啦，年輕人有年輕人的話題，長輩在場反而不自在；而讓年輕人獨自相處也是比較自由。

等王媽走了以後，三個年輕人倒真更自由自在，而就

天南地北的無所不談。

「妳會不會跳舞？」黃金木問著。黃金木是一個比較外向的人，他帶著自負、目中無人，甚至可說有點囂張；他有時會去找他的同學，而他們就談一些年輕人的或是五四三的話題，卻從不考慮別人正埋首趕著辦公事。

「會呀。」孫亞萍說。

「現在還跳嗎？」秋明荃追問著。

「沒有啦，都是家庭舞會，難得兩個月辦一次。」

「妳又彈鋼琴、又跳舞，妳還會什麼？」秋明荃問著。

「我會的可多了，我還會划船、溜冰、打保齡球。」

「妳會溜冰呀，我也溜過幾次的，每次溜每次摔，所以就不去了。」

「那是因為不得要領，其實溜冰首重放鬆心情，肌肉的反應就會快些，而且兩腿一前一後的往前滑，腳丫板要以外八字滑出。初學時也要注意微屈著雙腿，上半身壓低前傾，保持重心的穩定。等你會溜，就不需要再注意那些要領了，因為那些要領已經變成本能的反應了。」

「孫小姐是溜冰專家？」

「只是有興趣。」

「哪天向妳討教？」秋明荃趁機邀約。

「現在就去好嗎？打鐵趁熱。」黃金木見機不可失就插嘴說。

「現在不行啦，我們還要換穿運動長褲，而且冰宮很冷的，也要穿上厚襪子，不然的話，足踝會凍壞的。」

「那麼我們下午去好了，我們去接你？」

「不用啦，就約在圓山冰宮大門口好啦。」

「大門口？」

「就在大門口！」孫亞萍說著。

當日下午，三個人又聚在圓山冰宮了。年輕人好像有著充沛精力，永遠不知道累的。而當日孫亞萍就指導兩位男生如何穿好冰刀鞋，如何的調整鞋帶，也特別叮嚀務必要把鞋帶好好的綁緊，以免鞋子太鬆，而扭到了足踝。

在那個時候，已經有很多人在溜冰了，他們有的三、五成群，有的則手牽手在溜，而有的則是孤鳥怯生生的在角落裡溜。而場子裡，也有些人是高手或者說是選手級的人物，據說有的得過了獎牌。也有一位女生穿著連褲裙在正中央獨自旋轉著，而她的裙襬就時時旋轉出朵朵輕飄飄的傘型，也迴旋出一朵朵的剛健，她是國手級的人物，曾參加過亞運的比賽。

一股寒氣襲過來，泌入了體內，當真再多的衣服也沒用的，何況穿多了，對四肢以及身體的靈活舞動反而礙手礙腳。所以溜冰時，也不能穿太多的衣服，而秋明荃也沒有穿太多的衣服，所以他不禁打了一個又一個的寒顫。不過孫亞萍把他的手抓得緊緊的，似乎在給他一些鼓勵；所以秋明荃也不好不下場學溜冰。

孫亞萍耐心的指導著秋明荃，如何的以雙腳畫八字，如何的前滑，而身子要如何的前傾，以保持重心的穩定。於是秋明荃歪歪扭扭的前行了，還真有點像在走路一樣

的，哪像是溜冰？玩了一個多小時，由於男生都不知道如何的使力，所以他們的雙腿都發麻而僵硬了。他們都不知道如何保持身心的輕鬆。而孫亞萍則仍如矯燕在冰宮裡穿梭著，其動作矯健而且美妙輕盈。秋明荃和黃金木坐在椅子上休息，只有眼巴巴的望著孫亞萍輕盈美妙的溜著冰，而自嘆弗如。

　　秋明荃在當天就向王媽報告進展，秋明荃說很滿意。

　　「那就追呀！」王媽慫恿著。

　　「是呀。」秋明荃說著：「啊，對啦，黃金木也想請妳介紹。」

　　「介紹誰呢？」

　　「公司裡不是新來了一位女生嗎？」

　　「他見過嗎？」

　　「見過。」

　　「那這樣好了，明天到我家吃便飯。我順便邀請她過來。」王媽熱情的說。

　　「好呀，我要吃香菇燉雞。」秋明荃是常到王媽家的人，有時他會點菜吃。

　　次日當海萍 ── 她是王媽的大女兒，聽到有按鈴聲，就打開了門，正撞見秋明荃他們三個人嘻嘻哈哈的站在大門口，而這種情況著實讓海萍嚇了一跳。或許有人看出了海萍的驚訝，就解釋著：「我們已經見過啦。」接著又問：「王媽在家嗎？」

　　「是呀，我看她很漂亮的，所以就從火車站一路的跟

來啦！」黃金木打趣的說。

「亂講，我們是在下車後走同一條的馬路，我因為沒來過，就向他們打聽怎麼走，可沒想到他們竟也是去同一個目的地的。他們很壞哦，竟騙說是妳的兒子，可是我一想，不對呀，王媽不過四十來歲，怎麼會有那麼大的兒子呢？」

「人家有福氣，才會有這麼大的兒子，你可知道嗎？王媽十八歲就結婚了！」

「亂講！」王媽不好意思的笑罵了一聲。

這一天，海萍、秋明荃、黃金木和何瓊四個年輕人聚在一起，氣氛也很熱絡。

「對啦，禮拜天我們去情人谷烤肉。王媽妳去不去？」秋明荃說著。

「我呀，我老了，我哪能像你們小伙子精力充沛的，東跑西跑不知道累。」

「是呀，你可別忘了，王媽是那種買了野餐盒帶回家吃的人，她最不愛出門了。上一次，我們說好到鼻頭角去，前一日王媽就準備了一些野餐西點，可是次日她又變卦了，野餐西點就在家裡吃了。」

何瓊聽了，笑得前俯後仰的，有一點兒誇張。

「不要笑啦，下雨天當然不去！而且，事實上，年紀這麼一把的，郊遊是沒興趣了！」王媽不好意思的解釋著。

禮拜天，大夥到情人谷，男生帶烤肉裝備，還有豬肉片、白吐司及橘子等，他們一行人就衝向情人谷了。情人

谷是一個有大片沙灘的地方，三面環水、水流湍急清澈，連水中的魚，都看得清清楚楚；而沙灘上則是巨石裸列著，還有相思樹隨風飄搖。大夥兒走在沙灘上，一下子就遺留了一大堆的混亂足印，正如同一群馬剛剛跑過一樣，而再過去的地方則是堆積著大小石頭，一不小心很容易跌倒的，走在上面還真要誠惶誠恐的。而那些女生就將高跟鞋脫下，然後顫危危的如履薄冰的步行著。

　　大夥兒做了幾個坑，就架上了鐵絲網烤肉，而另有一個坑上，則放上鍋子在煮湯。秋明荃他們四個人在同一組。看著烤肉有些烤焦了，何瓊急著催促說：「快塗醬汁！」於是秋明荃拿著刷子沾醬汁往豬肉片上擦拭，一陣肉香就飄散了，讓原野更富粗獷的氣氛。

　　秋明荃用醬料擦過豬肉片，而其動作也越來越熟練了；而且肉汁滴到燒著的木炭上，就「滋」一聲的旺了起來。太陽強烈得讓大伙的額頭冒著汗。

　　「對不起。」秋明荃急說。也不知秋明荃是無心的還是有意的，竟「咚」的一聲把刷子掉了，並且濺到了何瓊的裙子上。頓然，何瓊脹紅著臉、瞪直眼瞧著，卻不吭聲。何瓊這才突然感到和秋明荃在一起很是自然，而不用裝模作樣。而這種情緒的反應，又讓何瓊有意無意間感受到比較喜歡和秋明荃在一起。

　　「誰先嘗，看熟了沒？」秋明荃望著孫亞萍說。

　　「我先！」何瓊先聲奪人。何瓊接過烤肉就往嘴裡送，一面咬一面說：「太鹹了。」

「熟沒？」

「熟了。」

於是四個人爭先恐後搶著烤肉吃。

「那邊有湯。」秋明荃說。

「幫我拿一碗。」何瓊說。

秋明荃很熱心的裝好三碗，逐一分送給其他三個人；然後自己也裝了一碗。四個人就這樣分別坐在石頭上品嘗著蛋花加柴魚湯。烤肉是鹹了一點，吐司是乾了一點，這時喝喝蛋花加柴魚湯，也覺其湯味甘美。

雖然玩了一整天，大伙兒猶興致勃勃；可惜太陽已將西下，大夥兒只得收拾烤具和鍋碗盤打道回府了。何瓊感覺好像有什麼失落；這時她才晃然大悟，自己對秋明荃有淡淡的眷念。可是已動了春思？為什麼跟他在一起沒有顧忌，不用虛偽，而是那麼的自然流露，何瓊在心裡打了幾個問號。她又想到自己對他是有好感，可是如果他無意呢？那不是很不好意思嗎？何瓊期待著秋明荃能懂得自己的心。可是她又想到，秋明荃對孫亞萍有意，而孫亞萍又是一團火，很熱情，有誰能抗拒？何瓊如此的想東想西，最後才在倦極的時候入了睡。

秋明荃也約略的感覺到何瓊對自己的心意，可是他只感受到孫亞萍對自己更是有魅力，而在她的魅力範圍下，他是再也容不下其他人的優點了。而這也是他對異性的忠誠，以及他傻得可愛之處。何況，如果真要追求孫亞萍，那麼他必須全心全意的，更不敢腳踏兩條船，他提醒著自

己要對何瓊保持著距離。

「追他，讓他注意到妳的存在。」當何瓊向王媽吐露出心意，沒想到王媽竟向何瓊這麼建議著。

「追？我是女生哩！」何瓊矜持著。

「什麼時代了，這是自由戀愛的時代，每個人都有自由表達感情的權利。何況我們要爭平權，更需要充分的表達自己，不管對方受與不受，不表達又怎知對方的心意如何？所以我們何必隱藏，愛要勇敢的愛，不必非要被動不可。」王媽慫恿著：「如果真的喜歡，就打電話給他！」

「好啊。」何瓊應允著。

何瓊雖說下定決心要接近秋明荃，可是在女人的矜持下，她依然沒有行動。直到有一天，黃金木打電話給她。黃金木打電話是要約何瓊看電影的。

「到哪裡去看電影？」蔡瓊說。

「東南亞戲院好啦。東南亞演的是老片子，可都是夠水準的老片子。」黃金木說。

「東南亞戲院學生最多，票價也最便宜。」何瓊有所期待的說：「四個人嗎？」

「四個。」黃金木雖有一點兒的失望，卻也不敢表露，其實他是多麼的希望是一對一的約會。

「都約好了？」蔡瓊不放心的追問。

「約好了，孫亞萍和秋明荃都會來。」

「好，一言為定。」何瓊爽朗的說。

何瓊抱著看到秋明荃的深切希望而雀躍著；可是，當

她到了戲院門口，卻只見到黃金木在那裡。

「還沒來嗎？」何瓊在心裡打了一個問號：「邱明荃他們還沒來嗎？」

「他們說，臨時有事不來了！」

「不來！為什麼不來？不是講好了嗎？」蔡瓊逼問著。

「孫亞萍要開一個會，而秋明荃要上課。」

「他要上課，你不是早就知道嗎？為什麼這時才說。」何瓊一陣的搶白，隱隱的流露出失望。

「沒有關係嘛，他們不來，就算了。」

「見鬼，才不一樣哪！」蔡瓊想著，也許自己和黃金木在一起，那不是更給秋明荃和孫亞平有相處的機會？而這是她所不願見到的。何瓊又想著，黃金木約自己，而他們卻不來！黃金木一定是騙人的，心裡有鬼，何瓊越想越生氣；可是她只在心裡滴咕著不敢發作。

「看不看電影嘛！」黃金木央求著。

「不看，我頭痛，我要回去了！」何瓊本來不想發作的，可是當她一聽到黃金木那種提不起放不下的樣子，心裡就生氣，所以就更沒來由的拒絕了。

「看啦！」黃金木央求著。

「跟你說過不看就不看，我回家了！」

事實上，何瓊知道黃金木人也不錯，就是木頭一點，不懂得風趣。可是她的心裡只有秋明荃，哪還容得下別人呢？當蔡瓊轉身要離去，黃金木卻還站在她面前，一臉的失望。而這讓何瓊更是生氣了，她有著被騙的感覺，所以

竟毫不思索的揮手，輕輕的打了黃金木一個耳光：「我不
再理你了！怎麼這樣呢？人家不看電影也不行！」女人有
時很情緒化的。

　　走在羅斯福路的紅磚人行道上，一對對的情人，有的
手牽手，有的互摟著；而他們只是自顧自的傾談著，就像
這個世界只有自己兩個人的存在而已。對於這種街景，倒
真讓何瓊更加的思春了；何瓊快步的走了幾步，她心慌的
想叫計程車回家。她想著儘速的回家，回到自己的城堡裡，
要哭要笑均無不可。

　　上了計程車，她漫無目的的瀏覽著窗外的風景；那是
台北市街道中比較有情調的地方，而一株株的大王椰欣欣
向榮著，道路也很寬敞。尤其更重要的是有臺大在這裡，
所以羅斯福路的名氣很大，一向是年輕人愛逛的地方。

　　突然，她看到有一個熟悉的身影，原本她還以為看錯
人了；但當她定睛仔細的一看，她確定那是孫亞萍沒錯。
而孫亞萍正和洋人在喁喁而談，狀至親密。孫亞萍是走國
際路線的，何瓊想著，而這總該讓秋明荃死心了。何瓊的
計程車走過了候車亭；這時剛好又有一輛計程車泊站，她
回頭一瞧，正見洋人上了計程車，而孫亞萍還在站上揮著
手。

　　何瓊想著：我必須告訴秋明荃這一件事。進了宿舍，
何瓊急不可待的撥電話給秋明荃：「秋明荃，我是何瓊。」

　　「什麼事？妳不是去看電影嗎？」

　　「沒有呀。」何瓊說：「我在羅斯福路上看到孫亞萍

和洋人在一起，她好像走國際路線的！」

「什麼？」對方傳來一聲驚訝，似是有一點兒不敢相信。

「我說，孫亞萍和一位洋人在一起，狀至親密的。」

「在那裡看到？」

「古亭市場那一站。」

「什麼時候？」

「就剛剛呀，就剛剛我搭車的時候。」

「謝謝妳。」秋明荃有點失望，黯然的說。

何瓊本來還有許多的話要說，她想說：對那種女人，何必太真情！可是對方沒有給她機會就掛斷了。何瓊深深的把自己坐進了沙發裡，閉上眼睛休息。

「鈴 —— 。」

「討厭！」何瓊站起身來接電話：「喂 —— 。」

「何瓊呀，我是 —— 。」對方說：「我是黃金木。」

何瓊悶聲不響的掛斷電話；她真的累了，黃金木是橡皮糖，一點兒也不給人自主的空間，不給人喘息；而秋明荃是木頭人，不懂女人的心。

次日上班，王媽來到何瓊的辦公室。

「聽秋明荃說，妳看到亞萍和洋人在一起。」

「是呀，而且很親熱的！」

「妳對黃金木有沒有意思？」王媽問著。

「沒有意思！」

「為什麼？」

「他就像橡皮糖！令人無法喘息。」

「那我再介紹別人給妳好嗎？」王媽一面說，一面想著媒婆還真難當。介紹孫亞萍給秋明荃，孫亞萍卻又喜歡洋人，而介紹何瓊給黃金木，何瓊卻看上了秋明荃，或許他們真的是沒緣份！唉，媒婆還真難當呀！

（刊台灣文藝 52 期 1976.07）

策略馴悍

　　「鈴 ── ，鈴 ── 。」上了樓，我一面按電鈴、一面掏出鑰匙，準備開門。

　　這已經是好久的經驗了，這時候雖然她已下班回家，但在大多的情形下，她不是在洗澡就是在廚房裡忙著；所以她總會應聲的說：「自己開門進來！」就好像她忙得沒法騰出任何一點的時間，幫我開門一樣；或者可以說，我的按鈴聲，只是在通知我回來了，並不真是請她開門。

　　果然，我聽到她在屋裡尖著嗓子叫著：「自己開門進來！」其實，她也不是尖著嗓子叫的，而只是提高了嗓門。她的聲音高，少有女人的嗲勁；除非有求於我，比如要買衣服或是想上大館子打牙祭的。進了屋裡，我未及脫去鞋子，她就叫著：「幫我拿拖鞋來。」幫她拿拖鞋的工作，什麼時候開始的，我已經忘了；我只記得有天我們從永和回來，當時她急著上盥洗室，就光著腳丫板直衝過去。那一天，她就大聲吼著：「光腳好舒服喔！」而自此以後，她每次回來都是光著腳丫去盥洗室。直等到洗完澡，她才

會喊著要穿拖鞋，要我幫她拿。

　　我穿上拖鞋，一面不甘心的踢著她的拖鞋往浴室走，一面叫著：「什麼時候我加了這麼一件工作呢？」

　　「唉，為太太服務有什麼關係！真是小氣鬼。」她在罵人。

　　我悶聲不響。這倒是應該的，為太太服務還有什麼好計較的；何況兩個人共同生活，難道還不該互助合作、互相體諒嗎？有什麼好計較的。可是，我又想到：自從結婚以後，每天都是她在東指揮西指揮、東叫西叫，要我幫她拿這個拿那個的，而我卻很少叫她幫忙過。而且即使我偶而要她幫個忙，每次她也都有許多的爛理由拒絕；每次她不是推說自己正忙著，再不然就是推三阻四一臉的不高興。

　　想到這裡，我也曾抗議指責過她；可是她依舊如故，說不改就是不改，而這種日積月累的壓抑，我還真怕自己被氣成神經病了。這種不滿日積月累的，使我的反抗也越來越濃烈。

　　心理學上說：平時看似柔順的人，一旦有了反抗行動的產生，那將會一發不可收拾的。我是一座未爆發的火山，而火山爆發似將產生無比的摧毀力量；我希冀有那麼的一天，老虎必須發一次威風，否則將被看成了病貓。世上有許多人喜歡對別人「軟土深掘」，看好欺負的就多欺負，所以我必須勇敢的站出來，不再屈服。

　　「是應該，是應該，丈夫為老婆服務本來就是應該。」雖然我已下定決心反抗，可是今天為這種雞毛蒜皮的小事

而發脾氣，旁人也會說我太小氣，不懂得憐香惜玉，所以我暫時只得隱忍。

　　我先脫下了外衣，正要脫下長褲時，她又叫著：「阿凱，幫我拿中碗來。」真是的，她東叫西叫的，聽多了也煩；我愛理不理的裝著沒聽到。

　　「阿凱 —— ，阿凱 —— ！」她提高了嗓門，大聲的叫著。

　　「好啦，叫魂呀，聽到啦！」我沒法再裝聾作啞了，我不耐煩的說。

　　「聽到啦，為什麼還不拿來！」她又是一聲更嚴厲的命令。

　　「我還沒換好家居的褲子，妳就東叫西叫！」我開始抱怨著；原先的不滿只是情緒，我不說也沒有人會知道的，而現在浮上檯面了！

　　「我忙呀，我要妳幫忙！」她斬釘截鐵的說著。

　　「幫忙，幫忙！我一回來，妳就東叫西叫的；如果現在我不在家，妳不是也會自己拿嗎？」

　　「我休息過嗎？我一回來就做菜做飯的，就洗衣，我歇過了嗎？」她也吼了過來。

　　「好啦，好啦，我上班那麼辛苦，很忙、很累的，我回家還要馬上忙東忙西，一點喘息時間都沒有，早知道我就不回家了！」我說。

　　「你不回家，你死掉啦，不回家！為什麼不回家！」她質問著。

「好，妳詛咒我！最好明天我就被汽車壓死，我就不回家了！」我說氣話，詛咒著自己。

「死啦，也沒關係，我命裡注定要結兩次婚。」她一派輕鬆的說。

要結兩次婚，這是她婚後有事沒事就直嚷著的話。她常說：算命的說，她要嫁兩次。雖然她每次輕描淡寫的這麼說，而我卻氣憤填膺，共同生活的夫妻竟動不動就提到分離，那還結什麼婚，是可忍孰不可忍！

想著想著，好呀，要比就比，我哪來的靈感竟冒出：「我命裡注定有三個老婆！」我突然爆出這樣沒頭沒腦的話，連自己都震驚了一下，但我可以確定那是反擊。她說二我就說三，總要比她多一個，那才叫贏也才不吃虧。

私底下我自己想了想的，那句「我命裡注定三個老婆」的話，還真是沒頭沒腦的，所以我又加上補充說：「多一個太太就多一些發達，要官有官，要財有財的！妳看，那些做大官、那些大富豪，有多少人是三妻四妾的！」我把三個老婆和官運財運連在一起。

一連好幾個陰晴不定的天氣，有一天中午，我只不過假寐了一下，就受了風寒。那天晚上，我說：「我今天還是不舒服，我不洗澡了。」

「不行，要洗！」老婆斬釘截鐵的說。

「不洗，我已經說過，我感冒時最不喜歡洗澡！如果我洗澡，我知道我的病會更加的嚴重！」

「你不要裝病不洗澡，誰不知道這是你的藉口！」她

一陣的搶白。

「好，這是我的藉口！」我內心痛楚得很，心真的在淌血，我講真話卻被污衊為騙人的話！

「不管怎樣，你還是要洗澡！沒有妥協的餘地！」她說著。

說真的，我平生裡就最不喜歡洗澡了，我猜這也許是屬羊的關係，羊本來就是少流汗的動物。其實不管怎麼說的，反正我就是不喜歡洗澡。雖然，保持身體清潔乾淨那是衛生習慣，有益健康，所以我對自己不洗澡的意見被否決掉，也沒有話說。

我把水壺接滿水往瓦斯爐上放好，再加「喀喳」的一聲，點燃瓦斯爐。

這個房子是租來的，房東並沒有申請裝配天然瓦斯，也沒有熱水器；而我也不想花錢裝，所以只得在瓦斯爐上燒好熱水，提去浴室洗澡了。

「瓦斯味！」坐在沙發上的她，突然叫著。

「瓦斯味！」我一面叫、一面起身，往廚房衝。

「瓦斯沒熄掉啊！」我看了一眼瓦斯爐心的火燄說。

記得有次瓦斯爐的火燄，開得太小而風又大，火燄一下子被吹熄，而瓦斯的氣體，依舊自瓦斯管溢散出來，以至於一屋子的瓦斯味，著實危險。

如果那時又有點火的動作，說不定就氣爆了；而那也是報紙常出現的瓦斯氣爆釀成火災的新聞了，危害生命、財產的安全。

　　我又端詳了另一邊的爐心，原來那個開關沒關好，當然就漏氣了，而這真是涉及生命、財產安危的大事了，我火氣直冒的，沉默的火山就要爆炸了。我生氣的吼著：「過來，妳過來看看！」

　　我要給她一個機會教育，而且也要她看看自己沒把瓦斯爐關好的事實，免得沒憑據。

　　「啊，我知道了，另外的一個開關沒關好！」她依舊紋風不動的叫著。

　　「叫妳過來妳還不來，講過多少次要注意瓦斯爐的使用安全，妳不要命呀，這是會死人的！」我氣急敗壞的罵她。

　　她依舊在客廳裡不認錯的抬槓著：「不要命就不要命，這 ── 你也有錯！」

　　瓦斯的危險不用講了，大家都知道的。我曾提醒過她多少次要注意瓦斯爐的開關，不用的時候要關好！而她依舊粗心大意的總會忘了關掉；而更可惡的是：她就喜歡「死鴨子硬嘴巴」不認帳！

　　我又吼她：「妳真是死鴨子硬嘴巴，錯了也不承認的，還要指責別人也有錯！我有什麼錯呀！」

　　「你開總開關，就要看分開關有沒有打開著，你應該要時時的注意！」她理直氣壯的說。

　　「難道我一回來就要各處看看窗戶有沒開好、看看插頭的開關，看看瓦斯爐的開關……。」我氣得直發抖，那是我所從沒有過的經驗。

「對！」她還是沒好氣的說。

我「啪」的一聲，賞了她一個巴掌，我真的非常的生氣，對這種死不認錯的女人，對這種不可理喻的女人。在以往即使我很生氣，我也未曾打過她。

而她手一伸的，也打了過來；而這種反抗更讓我生氣。一個人錯了不認帳又還手的，這對我的尊嚴是多麼大的諷刺呀！

我吼著：「妳敢反抗！」不假思索的，我迅雷不及掩耳的，又摑了她兩個耳光。

她一愣的，想來是沒料到我會如此，頓然，她的反抗變成了死賴，她嗚嗚的哭著：「你打好了，你打死我好了。」

我發完脾氣，氣也消一些，我帶著調侃的威脅，拉著她軟硬兼施的。我說：「我不打妳了，妳出去！妳要出去，我可以幫妳準備衣服、行李。」

她哭喪著臉，「唔唔」的又抽泣兩聲就掉下了眼淚。女人真是喜愛一哭二鬧的。看到她的眼淚掉了下來，我一想到結婚都有兩年了，共同生活的日子也有七百多天了；我不禁心軟，可是我還是沒法很暢快的原諒她。我自顧自洗完了澡出來，她還在客廳呆坐著。我和顏悅色的說：「去睡覺，該睡覺了。」

「不要！」她說。

「幹嘛不睡！」

「我不跟你一起睡！」

「不跟我一起睡！」我訝異的說。

　　「不跟我一起睡！」夫妻不同房，這好像真要和我決裂一樣的！我說：「好，不跟我睡，那妳就出去！」

　　「我會出去的，我明天就會死掉的！」她又講著恐嚇人的話，詛咒著自己。

　　「死掉！妳要死掉，那就快點死掉好了！」我沒好氣的說。

　　結婚以來，她已經好幾次說過要死掉的話，總要我好說歹說的安慰著她，甚至陪她掉幾滴眼淚才讓她心平氣和的安靜下來。

　　而這一次，她又輕易的說著「死掉」，這還真把我對她動不動就把「死掉」兩個字掛在嘴邊的反感一下子蹦開了，上天尚有好生之德，活著的人卻口口聲聲不愛惜生命。這真該好好的教訓她！

　　我在心裡盤算著，這次非要好好的發個脾氣不可的，要發得不可收拾，她才會永遠的記得。好讓她以後不敢將「死掉」兩個字整天掛在嘴邊威脅別人。我說：「好吧，妳要什麼！」

　　她默不作聲的往臥房走，而我則在門外仔細的偷看、偷聽。我在門外聽到她在開這個抽屜又開那個抽屜的。我以為她在收拾衣服準備離家出走！

　　我在心裡想著，或許她到她的親人那裡去一下，正好讓她自己冷靜。可是我又懷疑她到底想幹什麼？事實上，我還真怕這種吵架會發生什麼意外的！我佇立在門外傾聽良久，後來才敲門說：「我要拿棉被，我睡外面要用棉被

的，不然會著了涼。」

　　她打開房門迅即又躺回床上。我瞄了她一眼，她依舊一臉的生氣，怒氣未消的。我再次仔細的一瞧，乖乖，兩塊四方形的布對角相結著，這不是她生產後用來束腹以保苗條身材的東西嗎？難道要像上次用那巾子「比劃」自殺嗎？嚇唬人嗎？我悶聲不響。

　　我盤算著若果再氣她，讓她更火上加油的，她有了恐嚇的對像，難免假戲真做脫軌的演出。

　　我說：「妳不走，我走！」我在想，如果我走開，說不定可以讓她冷靜、舒緩的。

　　我穿上外出的衣服，故意穿得「啪啪」的直響。我以為那樣，她一聽到將會軟化，而阻止我外出。可是沒有，她還是不妥協的悶聲不響；其實她也無須出聲的，她只要走進客廳看我一眼，我們將破涕為笑的。既然有緣當夫妻，又有何解不開的呢。為了讓她知道我真的要出去，我故意的猛力關上大門，我期待她奔過來呼叫阻止我，把我叫回去，可是她沒有！

　　於是，我很失望的下了樓。我想著：弱者才會自盡的。而她，可以肯定的，她是強者。何況我們已有一個兒子，不看我面也要看兒子面，她當然要堅強的活下去，沒什麼好生氣的。既然結為夫妻了，又有何解不開的結呢？我的離家，目的也只是要她不受干擾而已！我下了樓，買了一個小西瓜，吵了老半天的也很累人，我口渴了。

　　我打開了大門，進到臥房，而她依舊靜靜的躺在床上，

巾子還在身旁。我出其不意的搶走了她的布巾，我說：「這是幹什麼的！」

「嘻，嘻。」她破涕為笑的出聲。似是早在等著我先開口打破僵局。我在想：弱者最喜歡擺架勢了，而且目的就是希望別人知道有架勢，以便用這種架勢要脅對方，尤其是對待她的老公。我把她的布巾搶走，那意味我知道她的架勢了，她是惹不起的人！而她也已經達到威脅的目的了。俗話說：女人的三寶：一哭、二鬧、三上吊，還真準的哪。

空氣裡一陣的靜寂，我知道這次的吵鬧快收場了；只要有哪個人先開口而另一個人也回應的話。我知道會發生這種鬧劇我也有責任，我應負的責任就是太寵她了！

和她結婚以後，我事事順從她，她說一我不敢說二，以至於造成她今日的跋扈囂張！我雖然是外在個性溫和的人，其實內心裡也是頑固的很，而且長久以來也淤積了不少的怨言怨氣。為了她與我將來的共同生活能更平和一點，我這隻老虎不發一次威也不行，所以我就借這次的瓦斯爐風波，一再的激怒她，而讓她傷心到極點，可是她仍然要左思右想的，仍然要惦念她的寶貝兒子，不能做傻事。

想想每個月，她都是那麼樣興高采烈回南部看她的寶貝兒子，她的骨肉，可見她是多麼的深愛著她的兒子，所以雖然有時會和先生發脾氣，但是生氣歸生氣，她仍然要勇敢的活下去！

我上了床，輾轉反側很久依舊睡不著，我知道她也睡

不著；我想這次的「馴悍」該收尾了。

　　我翻過身碰碰她的腳丫板，我說：「喂，講和啦，該和解了！」她不吭聲，故意蜷縮起身軀，不讓我再碰到她的腳丫板，那模樣楚楚可憐的。

　　於是我更加癢癢的翻過身摟著她，在她的唇上輕輕的吻了一下。

　　冷不防的，她終於開口了；但是，她仍然說著那種死鴨子硬嘴巴的話：「我是爲了兒子才和你和解的！」

　　「我管妳是爲了誰才和解的，反正和解就是和解！」我一面說一面又吻她，而且緊緊的壓著她。

　　　　　　　　　　　（刊 1976.10 台灣文藝 53 期）

善　行

　　五分仔車的慢車班次，除了下午四點多的那一班，再晚的就是六點多了；所以我每每在最後一節課的鈴聲一響，就抓著書包往肩上揹，右手扣著書包揹帶，半走半跑的奔向火車站，這種趕車的方式是用體力換時間的競賽。如果稍為遲延，四點多那班車開走，我就要再多等兩個鐘頭了，而這是多麼浪費時間與無聊的事呀。

　　兩公里路使用二十分鐘的急行軍，那是不夠的，所以我有時是在大馬路路旁用跑的；而如果馬路上車多，那麼我就會鑽進騎樓去急行軍。

　　嘉義市是一個不大不小的城市，市區車班次少，而且也要多花車費，以當時我家的生活水準，想搭市區車代步是不可能的事。這當然不僅我這樣，其實其他的同學也是這樣的。所以住在市區以外的學生，絕大多數都是到火車站下車，就開始走路上學；而住在市區的學生，遠的就騎腳踏車上學，近的也是同樣用走路的，一如住在嘉義市區以外的學生一樣，下了火車就用走路的。

　　你想，我口袋裡那張五十元紙鈔，那是累積了好久才存的，是以許多張小票子換成的大鈔。以當時市區車車資來看，這五十元紙鈔還抵不了兩個月的車費，可見搭乘市區車上學是多麼的浪費，也是沒有人會這麼做的事。

　　那時的嘉義市，中山路還沒有拓寬，由圓環到火車站的那一段路還很狹窄，而且兩旁都有騎樓。

　　而由圓環到公園處，則為較寬廣的馬路，兩旁則是低矮的平房或機關、學校所在地；因之沿路就有大王椰樹或鳳凰木等搖曳生姿，而那倒是給嘉義市增添了一份蒼翠與平和的氣息。

　　說到那張五十圓鈔票，我是很小心的用錫箔紙包好的，然後收藏在我的小腰袋裡。我所以用錫箔紙包好，為的就是錫箔紙有防水的功能；用來包紙鈔就不怕被雨淋濕鈔票，甚至於流汗濡濕了它。

　　我每次換下外出衣褲，總是先從髒褲子裡掏出那張五十圓券，把它塞進乾淨的褲子以後，然後才會去處理後續要帶的手帕等事。我所以如此的慎重，無非是怕忘了把鈔券拿出來，而如果媽媽也沒注意到，那不把鈔券洗爛才怪！

　　說真的，有好幾次我想動用那張五十圓券買一些文具和圖書；但是，最後卻總是在捨不得花掉的情況下，又打消了願望，或許那是守財奴的個性吧。

　　那一天，我和往常一樣的揹著書包，就開始衝出校門口，趕著搭車。太陽雖然已西斜了，仍然令人燠熱難耐；我還沒有趕到一半的路途時，也就是我只到達圓環的時

候，我不但已是汗流浹背渾身溼透了，而且有點氣喘如牛。更因為騎樓底下行人太多，跑起步來礙手礙腳的，所以我不得不改為快步走，找個空檔就儘速超越前面的行人，以便節省時間趕得上四點鐘的那班車。

而當我正專注的快步走，就在圓環的旁邊，我差一點就撞到了別人；我抬頭一看，對方是一位額頭有個凹疤的，約莫六十來歲的乾瘦老人。若就那個疤痕來看，我真的沒辦法猜測那是怎麼來的，而且他的頭髮也已斑白了。

「同學，對不起，車站怎麼走？」那位有個凹疤的老人擋住了我。

我不耐煩的指指前面的路說：「就在前面呀。」

我側身想從他的旁邊閃過。可是那老人家也閃了身，而他的閃身並不是要讓我路，反而是擋住我，而且他壓低了聲音，神秘的喃喃的說著：「對不起，我……。」

我急著趕路卻又被人擋住，下意識的沒好口氣的說：「還有什麼事嗎？」

「哦，同學，真對不起，我沒有車費搭車！因為我兒子在斗六做工，聽……聽說他生病了，很嚴重的，我想去看他，可是……可是我又沒有車錢，你說我該怎辦？拜託你給我車費好嗎？幫幫忙行個好，幫幫忙嘛！」

我看了他一眼，這個老年人在他神情裡還真是著急的！而他那結巴的樣子也的確怪可憐。

我在心裡想著：這個老人的兒子病了，難怪他會急成那樣；可惜他又沒有車費前去看他的兒子，只得在這裡乾

著急。而且我又想到剛剛不小心撞到他，也著實有點過意不去的！

　　我把手指頭伸進小口袋捏著那錫箔紙包著的五十圓券，就像以前好幾次想花掉一樣的徬徨著。我在內心裡有著嚴重的衝突，我一面想要掏出錢給那老人家救急，另一方面又有萬分的不捨，那五十圓券可是省了好久才省下的呀。

　　那有凹疤的老人又弓著腰說：「拜託，拜託啦，可憐可憐我這個老人家吧，我的兒子是病得那麼的嚴重，我是一定要去看他的了。」我望著老人家的可憐狀，望著他那懇切的哀求，我真的很難拒絕他的哀求！我的指頭在小口袋裡把那五十圓券捏得更緊，好像非得如此的，否則那錢就會飛走！可是另一方面，我又浮起捨不得的意念，而把那五十圓券鬆手了。

　　老人家仍在我的面前，弓著腰身連連的在拜託。最後，不得已的，我只得掏出那張五十圓券，我把那紙鈔給了那個老人。

　　我真的不知道為什麼會那麼的做；但當我把錢給了老人家，突然我感到很是舒暢。也許那就是下定決心幫人的舒暢吧。

　　老人接了那張五十圓券，他又很懇切的一再的哈腰道謝：「謝謝，謝謝！」這時我抬起手腕，看看那只大哥曾經戴過十多年，然後送給我的手錶。而這時已是下午四點半了，眼前還有一大半的行程，我是再怎麼趕路也趕不上

了。看來，只得搭六點多那班車回家了。

　　回到家，媽媽問我怎的這麼晚回來；我沒有告訴她遇到老人家的事。因為我無法知道媽媽知道真相以後，是會讚美或是責備？

　　雖然我知道媽媽一向與世無爭的，向來不口出惡言，也不說三道四的。有次她還對我說，她經過鄰家的庭院，遇到阿合嬸；阿合嬸就拉著她，足足批評了阿春嫂半個鐘頭。我媽媽說：她聽到人家在批評別人時，總是心裡厭煩不已，就想早早的回家做家事，卻被拉著不放！我媽媽說：她最怕與人爭吵了，如果別人大聲的一吼，她就會嚇壞了，哪來還有力氣吵架！可是這是她的人格修養問題；而牽涉到金錢，在那種貧窮家庭環境裡，她是否會婉惜，我確實不知道。

　　古人說：「為善不欲人知」。對這次的行善，我是不想告訴媽媽了。我篤定的很，積蓄那麼久的五十元紙鈔雖然花用了，卻是花用得「俯仰無愧天地」。那天晚上，我夢到一位鬚髯皆白的老人，他拄著柺杖告訴我說：「乖孩子，你肯幫別人，將來會成大器的。」

　　次日班上同學盛傳：有一位騙子，老老的，在圓環那邊騙錢。頓然，在我的腦海裡閃過昨天那個有個凹疤的老人家，他那哈腰懇求的可憐模樣。我抓著阿土的手急切的問著：「是不是額頭上有個凹疤的？」

　　「對呀，就是那個，你怎麼知道的！」阿土說。

　　我突然感到很失望，對我遲疑了許多次好不容易才下

定的決心，掏給別人的那張五十元紙鈔票。我還自以為是做了一個了不起的善事，沒想到原來那老人是騙子！而我只不過是一個年幼無知被騙了錢的可憐人，也是被輕易騙走了同情心的人！

（刊 1978.11 文藝月刊 113 期）

靈與肉

　　推開斑剝的鐵門，空氣裡混合著陣陣的霉味，迎面吹了過來。

　　我提著行李走到二樓，走廊兩旁的幾個房間都是關著的；看來這裡難得有人住的！我快步的前行，把右邊那個房門打開了。那個房間裡的陰濕霉味，更甚於推開鐵門時的情景；而那霉味，頓然衝了過來，我不禁掏出手帕把口鼻搗住，企圖把那些霉味擋在外面。

　　借著小窗戶的微光放眼望去，這個房間只有簡單的擺設一張雙層舖和一張書桌，外帶兩張椅子。我把行李往地上放下，就急不可待的推開了小窗子，想要迎接外面的新鮮空氣。而窗外幾枝榕樹枝椏，也就順勢的探進屋裡，榕樹太靠近窗戶，也太濃密了，所以就顯得房間裡，有點陰森陰暗的。

　　古人說，榕樹太陰氣了，看來應是沒錯的。我向窗外看，除了好幾棵大榕樹以外，也有兩棵芒果樹。而在芒果樹下，但見半枯萎的野草叢生，顯得雜亂不堪；不遠處的

牆角邊卻又堆滿了一大堆的破碎瓦礫，使得這座四層樓的庭院，更顯得一股破落戶的淒涼與無奈。

在雙層舖的鐵架上，原本的油漆已然剝落，只殘留下一點點的痕跡，讓人追憶雙層舖原本的顏色；而那個沾滿塵埃的灰色桌面上，也裂出了一個大洞。那個大洞，未見任何修補而且看不出因何而破裂的；而那個洞口，也只用了一條泛灰的髒布堵住了洞口。這或許是怕老鼠、蟲子呀，從那個洞口躲進去築窩吧。

我把書籍擺在最上層舖，又攤出幾件常穿的衣服掛在牆面上。我和著襯衣困頓的躺上床，也許用力太猛了，那床竟「吱吱」的叫了一陣才停止，而那塵埃也撲飛而起；但是我管不了那麼的多，近來那種髒亂的生活已常與我為伍。我又怎能計較什麼髒與亂呢？

自從五年前，我離開了布袋，就天南地北的流浪討生活。我到過工廠做工，也下過田插秧、除草，也到山坡地放過羊。我在每個地方長則呆個半年，短則只有一、兩個月；我每天都在勉力過著勞累筋骨的日子，而那就是一種摧殘、懺悔與無奈。可是，對我來說，那份悽涼與恐懼仍然緊緊的跟著，那是揮之不去的噩夢。

我想著想著的，不久就睡著了。我確實太疲憊了；能有個可以伸展四肢的床舖怎能不滿足呢？在朦朧中，我好像走進了曠野，而那曠野的陽光和煦，有一道金陽照耀在牧草上。

我忍著飢餓與疲累，搖晃著身軀踏上了石階。那石階

是一層層的往上蜿蜒，好像永無止境的。我賣力的向前，希冀找到任何可以裹腹的東西，因為我已經餓了好幾天了。突然我發覺有一隻小鹿悠閒的在石階旁吃草；而這情景對我來說，那不就是可口的食糧嗎，如果能夠捉到牠的話。

我縱身閃入草叢裡躲起來。我暗自打算著，希望能在牠警覺前就突擊牠。我隨手拾起身旁的木棍架在肩上，一如棒球的打擊手。我躡手躡腳的走近，只見那隻小鹿仍然在低頭吃草，似乎全然不知道自己已是大禍臨頭。而在這個情況下，讓我心裡暗自高興著，也有些憐憫其懵懂無知。

可是當我再度移過去，在我幾乎可以揮棒襲擊的時候，那隻小鹿卻「嗾」一聲的竄到左邊的草叢去了。慌亂中將木棍投擲過去，那隻小鹿一個跳躍前衝的，而我則緊追在後；後來我看到牠跛了一隻腳，只有三腳著地。我不知道牠是不是原本就跛腳的或者現在才這樣的。直到牠又往前竄出，我發現有血汩汩的流出，沿途灑了一地，也沾上小石頭和野草。

我沿著小鹿的行蹤跟蹤，突然我看到有個山洞，洞裡黑壓壓的，我是餓過頭了，為吃為療飢只得壯膽的摸索進去。那山洞的岩壁陰濕，令人不寒而慄。

我依然不計後果的走進去，而且我越走越深入。說實在的，我已懶得思考後果了，除非我還能飽餐一頓。那山洞裡確實太陰暗了，那是一種漆黑的感覺，我看不見腳下的地面，也看不見五指，突然我一個不小心的就絆跤了。

「噹」的一聲，我似是踢到什麼堅硬的金屬。我痛得要命，不禁「哎呀」的大叫。而這一驚的，我才知道原是噩夢。我不自覺的摸去額頭上的冷汗，把濕漉漉的汗珠隨手甩掉。

我嘀咕著該去洗澡，然後我抓起毛巾走向走廊的盡頭。洗澡間也是蛛網盤捲的，而地板上的木頭有部份是腐朽經不起承載而吱吱叫的；看來這個大樓太老舊了，連傢俱也使用太久了，也不知道已經多久沒人清理了。

忽然我看到對面的房間，似乎有一點燈光露出，而在這破落漆黑的老屋裡，我還以為只有自己一個人呢。

我本能的好奇的往縫隙瞧進去；只見有個女人，長髮披肩，背向我跪著。她房間裡的柱香吐露一縷煙雲，充滿整個室內。而這也真是奇怪呀，照背影來看的，這女人的年紀不大，怎的住在這種沒有生命氣息的樓房裡；而且她的行為舉止似乎有那麼的一點怪異。她到底是在做什麼呢？我好奇的看著她，過沒一、兩分鐘，只見她高舉雙手向著空中伏拜下去，她是一次又一次的伏拜著，也不知道拜了多少次的，她才起身。

而當她轉個身正好就面對我了；這時我才看清楚她是一個有清秀臉孔的女孩。她果然年紀不大的，可惜雙唇冷傲，而在其眉宇間同樣有著悲傷與無奈，而她那深鎖的雙眸似有綠光一閃一閃的。或許她有洋人的血統，我胡亂猜著；可是在她那一絲綠光中，又有一點兒不合常理的異樣。至於有什麼不合常理，我也沒辦法詳細的描繪。

由於我面對著她，而當我一接觸到她那綠光，就不自

覺的被震懾住了，而把我所有的注意力貫注在她的眼眸裡，我貪婪的凝視著她。

於是她那個眼眸越變越大，好像突然的整個罩住了我的身體。而這時的我，突然感到好像是一個小孩子哭喊著要媽媽，我油然而生出無限的渴望著母愛。此時，她的房門突然「呀」一聲開了，她竟挺直著身軀抵著門邊，那是凜然不可侵犯的樣子；這個情景，那是令我非常不知所措的，因為我的偷窺被她發現了。

而這也真是太突然了，也讓我太丟盡臉了。或許我是過度的專注在對她的那種無限渴望的氛圍之中，反而欠缺對她一舉一動的注意力，而竟然不能察覺到她已然走到她的房門前而且打開了門，而且發現了我的偷窺。眼前她那一份挺直的氣勢，已然沒有剛剛的那種伏拜如搗蒜的虔敬了，更沒有一點點女人的嬌柔；現在的她，說真的，反而像是魔鬼惡煞一般的。

「幹什麼！」她怒斥著。她發現有偷窺者，理所當然的會勃然大怒；而一時失神的我，把剛剛的好奇心按捺住了，我顧左右而言他的吞吞吐吐的說：「我，剛搬來的，我不知道水龍頭在那邊？我想洗澡。」

「你這就怪啦，你要找洗澡間自己不會找呀！干我什麼事。」她冷漠的說著。一面把門「砰」的狠狠關上。我訕訕然的走到洗澡間，那裡的水龍頭「鏘鏘」的漏著水，而在那靜寂的房間裡，卻顯得特別的清晰。

此時的我，已經沒有很好的心情去好好的洗澡了；我

把毛巾隨便沾濕就胡亂的往臉上擦拭，然後也往身上擦拭，而這就算是洗過澡了，那是和我以往的習慣截然不同的，而我的心仍在激動著，我又怎能還有其他的心思好好的洗個澡呢。

夜裡那陣陣的徐風吹過來，山上的天氣就是較快變涼的，此時已有些許的涼意，而那些疏落的星星點點散落在藍藍的天空，很是寥落。攤開稿紙，可是我的腦海還是一片的空白。我是一點也沒有辦法集中注意力把未完成的稿子接續下去的，眼前只有那個女郎的綠眼珠子仍在閃爍著。我的四周只有水龍頭滴答的間奏著，而那是很單調、乏味的時刻。

半夜裡，也不知道是十二點或是一點的，突然我聽到一陣的低泣聲。那聲音是很細微的壓抑著，如果不在這種寥寂的夜晚裡，而且不仔細的傾聽，那是聽不到的。我又側耳仔細的傾聽，想聽清楚到底從哪裡傳來，而對於我的專注，那哭泣聲也逐漸的放大了。我知道，雖然我現在還在毛骨聳然的，我還是必需鼓起膽量探個究竟；否則我會疑神疑鬼的，而那將是非常的不好。我輕輕的打開房門，躡手躡足循著低泣聲走過去，那個聲音是有一點兒的悶，那聲音好像經過什麼東西壓抑後才釋放的。我探頭一看，原來又是那個女郎，她整個臉壓在手腕上哭泣著；其實我早該猜到一定是她在哭泣的。

在這樓房裡，到現在也就只有她和我兩個人而已；不是她在哭泣，難道還會有什麼別人嗎？我看到她的肩胛一

簪一縮的，那是在抽泣，而其狀至爲悽涼無依無靠。可是又怎會有什麼事令她如此的悲傷呢？我深深的懷疑著，對像她這樣的少女來說；這個花樣年華的少女，理該無憂無慮的，而且滿懷希望與美夢的。

而在這一整天下來，我總覺得她的舉動確實異乎尋常，我想著莫非她有什麼莫大的委曲才如此。我想進門安慰她，可是剛才她那種拒人千里的兇悍狀，又讓我遲疑再三的不敢輕舉妄動；我也知道冒然進入她的房間，她會認爲我圖謀不軌或有什麼不懷好意的企圖！我深怕加深她對我的誤解，雖然我知道我純然是一片的好心。我苦思無措的躑躅著，我又回到我的臥房裡，我在心中除了懷疑，還揉合了一份愛憐與同情。

次日朦朧中，我被晨雞吵醒了。雖然整晚我沒有好好的睡上一個鐘頭的覺；可是在這第一天的上班，我也只得早點去會合了，免得被人家說難聽的閒言閒語。

我走過楊家，他們已經打點好該用的工具，正預備要出發。也難怪的，鄉下人通常早起；我瞄了一眼那一伙的人。他們一共六個人，三男三女，他們每個人都戴著斗笠；但也只有女的在斗笠上加了一條花色的包巾。那條包巾從兩個耳旁拉了下來，並且把結打在脖子下；而這一來的，那花巾就遮去了她們大半的容貌。其實，那是她們爲了免得曬黑的特有打扮。而這種打扮，也讓她們只剩下兩個大眼珠子在閃耀著，好像在訴說她們是活著的人，是有血有肉有生命的人。

「今天就在東南方那邊工作了，種相思樹。對啦，順便介紹一下，剛來的這位是林先生，你們就叫他老林好啦。」楊家主人一面吩咐，一面把我介紹給他們，並且遞給我一頂斗笠，示意我戴上。我熟練的把斗笠戴在頭上，並且在下顎處也打個結，固定了斗笠。

我們一行又拐了三、四個彎才到達目的地，楊家主人這時指著眼前的一片山坡地；我放眼看過去，茅草茂密足有齊人高，而且蒼翠茂盛。於是楊家主人和阿山就測量著距離，並且在適當的地方打下一個記號。

工作就此分成二路前進了，我和阿桃被編為同一組，我們就在阿山打下的記號卜把茅草除去，整理出三尺見方的一塊空地，而後再挖一個一尺見方的洞穴，然後再在洞穴裡，埋上阿海送過來的腐質土壤，而後才播上好幾粒的相思樹籽。

那相思樹籽是有一小撮的，最後則覆上鬆軟的土壤，而這樣才算完成一個洞穴的播種。據說相思樹籽最怕孤單了，因為它們最怕鬼魅。所以相思樹籽不能單獨的播種，如果採用單播，它是必死無疑的，不會發芽，所以在種相思樹的時候，只能有好幾粒的樹籽同時的點播，而這一來，相思樹籽也才能發芽存活下來。

我們就如此反覆的做著整地、除草、挖洞、播種和填土的工作；而這種工作是再單調、枯燥無味不過的事了。但在山土如同石頭般堅硬的土壤上，想要挖出那麼的一個大洞穴，也不是一件很輕易的事。那是很浪費力氣的，所

以我們還沒有種上幾窪的相思樹，就已汗流浹背了。

　　而在這個時節裡，剛好也是雨季的開始；所以茅草微微的發出三、兩枝的新芽，而那些嫩綠新芽襯托在萎黃乾枯的老茅草叢裡，就顯得嫩芽很碧綠。而那些老茅草叢都是一歲一枯榮的生長好久了，所以都是一大叢一大叢的；其根部則很深入的盤扎在土壤裡，所以這種除草整地的工作確實很勞累的。

　　而且在那些枯草上，每每又沾滿一大堆的灰塵，每當我們鋤下去，一陣的搖動，那葉上的灰塵就會陣陣的揚起，又因地廣草雜的，所以風也吹不進來，使得處身茅草裡的時候，很是悶熱。

　　我已經居無定所的流浪了五、六個年頭，這種流浪在個性上最大的轉變就是不愛講話，而那個習慣讓我習於隱藏自己，也習於緊閉著嘴巴。

　　我只是機械式的一鋤鋤的在整地，似乎這樣就可以把藏在茅草中的燥熱，或如同石頭般硬的土壤除去。而太陽慢慢的爬升，空氣裡也慢慢的轉變為更為燠熱難耐，我的汗珠流得更快速了，在那種情形之下，就使得我們的襯衣也沾在皮膚上，那是黏膩得令人萬分難過的感覺。

　　「聽說你剛搬來？」阿桃問我。

　　我漫不經心的回答：「唔。」我已經說過了，這五、六年來，我已經相當的習慣緘默；非必要不會輕易的開口。

　　「什麼時候搬來？」阿桃又追問了一句。或許她太寂寞了，也或許她喜歡探聽別人的隱私。

「昨天。」我依舊淡淡的說著。事實上，我還真希望可以不回答任何陌生人的好奇或其他的任何問題。或許你會猜是不是有什麼見不得人或有什麼難言之苦；而如果你這麼的想，那是你的事，我也沒有辦法。

「以前住那裡？」阿桃見我說話不帶勁，有一搭沒一搭的，就推推我，似乎想引起我的注意，又像是我欠了她一樣的，非要和她說話不可。我揚起臉來，不經意的正接觸到她黑白分明的眼睛。

而在她的那一雙黑白的眼睛裡，不但飽含了悸動，而且更是容易引人遐思的，因為在她的眼裡，似乎有著很深邃的神秘感。我不禁又仔細的睇了她一眼，不錯，她整個的身軀很是玲瓏有緻而且很豐滿，而這就可以看得出，她好像有一股按捺不住的青春氣息隨時要爆炸開來的，而她那汗水的濡濕也使她鼓得尖挺的胸部就像吹彈得破一般的，春潮的悸動！讓男人無法拒絕的沈醉！

「喂，你有沒有聽到我在問你呀！」她又嬌滴滴的碰碰我的手肘說。

「我以前住過的地方很多，反正我一直在流浪，不停的在流浪。」我低下了頭，不敢再正視她的眼睛。而那是有兩個的原因，首先我害怕再多望她幾眼，我必將沉淪，無可救藥的沉淪下去；其次，我知道我有所保留，不願談太多的自己，談多了，場面怕會失控。

「流浪，哇，那你是流浪漢囉，是不是那種東跑西跑的居無定所的人，今天在這裡，明天又在那裡。」阿桃打

靈與肉　55

趣的說。流浪對她來說，似是很新鮮好玩的事情。

「是呀，就是那樣的，還真被你猜中了。只是那是非常不好玩的事，甚至可以說，是很痛苦與無奈的事。每天我就像在擺地攤一樣的，提著布包袱東走西走的，看到警察就趕緊的跑開。等警察走了，我又出現了。也或者可說，就像乞丐一般的，今天在這裡要口飯吃，明天又出現在那邊的廟會乞討。」剛才我還很害怕談到自己，也不知道為了什麼的，就這一下子我竟也話多了起來，而原本我已是一個很難得開口的人，自從逃離布袋以後。

「乞丐。」阿桃說著。接著她又噗嗤一聲的笑著說：「那你一定很骯髒，不愛洗澡。」

我這輩子愛不愛洗澡，對我來說並不是頂重要的事。可是，很奇怪的，對阿桃來說，愛不愛洗澡卻竟是令她深感興趣的話題，否則她也不會笑得那麼的開心，甚至於可以說，在她的笑聲裡竟含有一點淫蕩的味道，也怪不得她有很大的興緻。

「是呀，我有時好多天不洗澡的，而且事實上，有時也是找不到水源洗澡呀。而在剛開始時，我還不習慣不洗澡，等後來久了，也就習慣了。

當然，我既然有時會有好多天沒洗澡，所以有時我每到有水的地方，我一定會找個水源先好好的洗個澡，我總是泡在水裡泡個老半天的。而在那時，我除了會把幾天來的汗臭和灰塵清除掉以外，我還會不想離開那水龍頭或水塘裡的水源。而那就像再不多泡幾下的，說不定下一秒鐘

我就永遠不能洗澡了。」

　　我揚起了頭來，望了阿桃一眼，我又正巧接觸到她投射過來含情脈脈的眼神。而在她的那個眼神裡面，就是有著那種默默含情的韻味；在她的那個眼神裡，似乎她也有欲語還休的慾望，以及一份屬於她自己的淡淡的壓抑與憂鬱的氛圍。

　　「說真的，流浪倒是有趣的事，今天在這裡幹活，明天又到那裡工作，每天都有新鮮事、新鮮環境、新鮮人，不像我就一直住在這裡，只認得這裡的一草一木，連個上街的機會都難得。」她露出嚮往繁華與上街的願望，或許對她來說，街上的繁華景象對她，就是頗有致命吸引力的地方。

　　「妳喜歡上街？哪天我們一起去好了？」任誰都可以輕易的看得出，她是非常嚮往到街上的。而當然，我也可以很輕易就意會到她的慾望了，而我當下竟也脫口而出的邀約她。只是我這句邀約的話才剛出口，我就又後悔了；我在心裡想著，這也未免太冒昧了。可是，邀約的話既已說出口，已經來不及收回了。才僅初次見面或者說是見面不及半天時間，我就這樣的開口邀請，也未免太冒昧了。換是別人，說不定會認為那是帶有什麼不軌的企圖。可是，沒想到阿桃竟爽朗的答應了。

　　我們又在一面工作一面瞎扯，就好像這樣就比較容易度過時間一樣。太陽雖然仍是燠熱異常的，而茅草裡雖然悶的很，但是時間還是彷彿一下子就飛過去了。

「收工囉。」楊家主人這麼樣的吆喝著。

我抬頭看看天空，日正當中的，烈陽也正發射出無比的威力。楊家主人這聲吆喝，頓然就把我的肚子也吆喝得咕嚕的叫起來，而這才猛然想起，肚子真是餓癟了。

我們相繼把鋤頭往地上放下，我和阿桃相繼的鑽出草叢。「你很有力氣，身體又很壯！」阿桃在我身後緊緊的跟隨，突然沒來由嘀咕著這樣的一句話。而在那句話裡，我也不知道到底對我是讚美還是挑逗，而且也不知道是否該回答她這個問題。反正，就在那一剎那間的遲疑，我並沒有接腔，也懶得再回答她的問題。

「來，來，來吃飯呀。」楊家主人招呼著。

午餐是糙米飯，還有一盤的炒菠菜、一鍋子的滷豆腐和五花肉，還有黃豆芽湯。而在所有的菜餚中，那也都是油膩膩的，很好下飯。也或許是過度勞動操作的人，本來就需要更多的油脂和鹽份，所以他們都很重油、重鹹。阿桃很熱絡的幫著我夾著菜餚，她也不顧念見面時間也才只那麼一下子而已。當然啦，也許因為她自以為是人熟地熟的，不像我初來乍到很「生份」，即拘謹而又放不開；但是，她的這種熱絡勁兒，看在別人的眼裡，就是用來開她玩笑的話題了。

「你們好像是小倆口的樣子嘛，妳還這麼的照顧著他的，還這麼親熱的。」有人打趣著。

「呸！」阿桃使出一個勾引男人的眼神，但是，驟然的她也脹紅了臉。而我則扭捏不安了起來，一個大男人竟

也經不起別人的打趣，真是活見鬼！

　　阿海揚揚頭問著：「阿森啊，你以前在那裡工作？」

　　我簡短的說：「在布袋。」事實上，我已經到過好多的地方，在這幾年來。可是眼前我卻只會不自覺的吐露出這個地名而已，或許這一個地名是最深入我心底的地方。而且，事實上布袋並不是我曾經到過的地方，而且也不是我下一站會去的地方，而那地方卻是我土生土長的故鄉呀。

　　這就真讓我訝異了，我竟會如此輕易的脫口而出的說出這個地名，而我又為何要把那個我一直想隱藏的瘡疤揭開呢？我心裡有一陣很強烈的劇痛爆開，我猛然咳嗽了好幾聲。

　　「布袋產海鹽，有很多的鹽場，我曾經去過。」阿海自顧自的說著。事實上，我並不想再多談我「以往」的歲月，「以往」的那些歲月，對我來說是多麼的難忘呀！

　　但是，阿海仍然自言自語著：「對，我在布袋也住過一陣子。我那時是住在碼頭那邊的。啊，那時還有一個叫桂林嬸的人吶，很多人都認識她，她人很好，你認識桂林嬸嗎？」

　　桂林嬸！我一聽到「桂林嬸」的三個字，心裡頭就突然的驚跳了一下。天地間為何總有那麼多的巧合呢，又是布袋而又是桂林嬸的，難道這是有冤魂在驅使著的嗎？我警覺到這一點，所以我急急的否認：「我不認識，我不認識。」

　　此時，為了隱藏那個謊言，我必須壓抑住那劇烈跳動

的心；於是我放下飯碗，把那嗆在喉嚨裡的那口飯很勉強的吞嚥下去。而如果我不這樣做的話，我知道一定會被嗆得米粒從鼻孔嗆出來，而那種狼狽不堪是我所極力要避免的。我呆呆的望著天空，現在的天空是一片的白茫茫，我不知道阿珠現在魂遊何處了！也或許你不知道的，阿珠是桂林嬸的獨生女呀。

楊家主人說兩點再上工。阿桃拉著我，我不自覺的就跟著她走進了草叢。我為阿桃偃平她身後的雜草、雜枝的，我們和衣躺下休息。天上白雲片片，日子晴朗，我聞到空氣中很幽微的從阿桃的粗布衫裡吐露出的一股淡淡的幽香，雖然那幽香仍然帶著一點兒汗味，但那味道對我來說卻仍是很誘惑人的，我貪婪的深吸了一口。

我也不知道這是有意或是無意的，我竟下意識的碰到了她的四肢，而那是一種很酥軟的感覺，也就只那麼的一刹那間，我就有一股很強烈的慾望昇起。那麼樣的自心底浮現，我不知道我是已經有多久的時間，沒有觸摸過女人的肉體了。雖然女人的肉體對我來說，永遠有著致命的吸引力，而且那是很令我很嚮往的。

下午的時刻，大家又開始工作了。也許大家都是在山林野地裡種樹木討生活的高手，所以對於披荊斬棘的事並非難事，所以工作進行得很順利，一下子就在那塊茅草地上每隔等距離，就完全的挖出了一個坑洞。當然啦，在那種野地裡，不消三、兩個月的時間，就又會是野草到處滋長活躍的了；而那時的工作就是專門除草了，只要那些相

思樹籽沒有被鬼魅嚇死掉。

　　我們到了傍晚時刻，已經把那一大片的山坡地都種了相思樹籽。而這些相思樹籽，此後就要自行的生長，也接受雨水、露水的滋潤而發芽成長。萬一沒有了雨水、露水的滋潤，那就要夭折了，而那就是天命了。當然啦，如果有野獸或者人為的踐踏，那些相思樹籽也是活不了的，而這就是自然的現象，天演競擇的生存競爭。

　　回到老舊的樓房，時間已是晚上七點多了，我疲累的拿著毛巾走向洗澡室。

　　「喂，回來啦！」那綠眼女郎竟依在門口對著我打招呼，我想她一定是等了很久，而這倒真是很新鮮的事了；一個看起來那麼冷漠的女人，拒人於千里之外嚴峻的女人，竟會佇候他人。但是，我還是感到很奇怪的，她昨天晚上的那個怪模怪樣，竟然一點兒也沒有痕跡了。

　　「是呀。」我應著：「妳今天做什麼？」

　　「看書呀，看我愛看的書。……聽說你去種相思樹了。」

　　「我不去工作就沒有收入，沒有收入就沒有錢花，而到那時我又怎能維持我的生活呢！今天呀，我是到楊家主人那裡打工的，為的也只不過是賺點工錢，混口飯吃而已，否則憑什麼活下去呢，我不就要活活的餓死了嗎？」

　　「我叫阿春，你呢？」她揚那深具誘惑的晶瑩的眸子。在那眸子裡依舊散發著一份憂悽與無奈，惹人深深憐愛。

　　「我叫阿森，以後還請多多指教。」說真的，那樣子的口氣還真是老學究到家的，而我竟這樣的說，那不是很

奇怪嗎？那是我所從沒想過的咬文嚼字的對話。其實，我也知道的，在我心裡我竟貪婪的想要多瞭解她，所以我才會那樣客氣的回答她的任何話題，甚至可說我還有一點兒的期待與眷念，我不知道那是不是就是對她有好感的感覺，我似是被她吸引了。

「你盡站在這裡講話呀，多累呀，進來坐！」她移開擋在門口的身子大方的邀請我，然後自顧自的先往裡走。不錯啦，這是確實的，我是很想多多的瞭解她，可是那個機會又來得太快了，快得幾乎讓我感到不安與很難適應；尤其是她昨天的那些怪異行徑又悄悄的浮上我的心頭時，遲疑了好一陣子，我才緩步的往房間裡移動。這時，我又有一股很奇怪的慾望浮上了心頭，而那真是來得沒頭沒腦的。

那些柱香，此時沒點燃，而煙雲也不見了。而在她的房間裡，那是整理得很有條不紊的，而其所用的色系都是淡雅的綠色，有淺綠色、有深綠色，還有蘋果綠。除了一件椅子以外，她還有一個很大的書桌和鋼琴，而在那書架上，則是陳列著各國的世界文學名著、哲學、社會學，還有宗教等的叢書，琳瑯滿目。我指指那些書籍，瞠目結舌的問著：「書，都是妳的？」

「那是打發時間用的啦，偶而翻翻而已；我從小就喜歡讀書和彈琴。」她淡淡的說。

「那妳的家人呢？」我冒昧的問著。從她這樣的花樣年華，卻是自己一個人住，我還真想知道她為何沒有跟父

母家人在一起。

「我父母已經失蹤多年，那是我大三時發生的事。」

哇，她還是大學生耶！而這倒讓我出乎意料之外，我該對她刮目相看。

「大三，那妳沒有畢業囉！」我問著她。

「我沒畢業，那時我還在北部讀書。當時，我已經有兩個月沒有接到家裡的來信。通常我爸媽會每一、兩個禮拜寫一封信給我，而有那麼久沒有接到他們的信件，我感到很奇怪，就不放心的回家了。等我回到家，我才發現爸媽都不在了，也不知道他們都到哪兒去了！而且連個蜘絲馬迹都沒有。」

「那麼，其他的親人呢？」我狐疑的問著。

「我爸爸說我還有一位哥哥，他在我出世以後不久就到日本去了。那年我哥哥才四歲呀，是由一位旅日遠房親戚帶去的。本來也還保持著連繫的，後來日本戰敗了，音信也就中斷了。」她屈指算一算的說：「若是還活著，現在總有三十左右的歲數了。」

鐘聲「噹噹」響了八下；此時我才想到我要去洗澡的事。但是，我卻竟只顧在這裡瞎掰著。而且我還有些稿子要趕，哪還有那麼多的時間在這裡閒聊瞎扯，所以我就匆匆的跟她告辭了。她很誠摯的感謝我陪伴她，還說她經常很孤獨，她央求我以後常去陪她聊天。

「好的，好的。」我欣悅的一口應允。一個女孩子沒父沒母的，只是自己一個人在孤單生活，也著實怪可憐的，

況且她是那麼的漂亮，當然就更使我燃起樂意和她在一起的念頭了。

白天裡的勞累工作，對我體力的消耗是太多了，所以往往我洗好澡以後就倒頭呼呼大睡。而在這一天，我也忘了要趕稿子的事了，而且也睡得很是香甜，這是長久以來所從沒有睡過的舒服。

次日禮拜天，是我和阿桃相約到大埔去的日子。

大埔是三個村莊的聚落，商店區裡只有兩條街，倒是五臟俱全的，什麼東西都有得買。那裡有雜貨舖、布料店、水果攤、西藥房，還有兩個豬肉攤，其餘就是小飯館、小旅館等。我和阿桃走進了布料店，我為阿桃買了一塊鮮艷的布料，阿桃說她很喜歡那個桃紅色為底色的布料。

「真是不好意思，還要了你的東西。」阿桃欣喜的稱謝。她以閃亮的眼神看著布料，有著很興奮的神色。

「沒有關係。」我把那包好的布料塞進她的布包裡，熱心的說：「時間不早了，我們去吃個飯，然後趕一場電影。」

「隨便啦。」阿桃很自然的把手搭在我肩上。她全身散發著熱情，似是把我當成她的男人一樣。而且她那隱約的體香又衝進了我的鼻子裡，我貪婪的猛吸了一口。

我們走進小飯館，我點了幾樣小菜，也點了一瓶清酒；我們相互的舉杯敬酒。我笑著說，我祝福她永遠的漂亮愉快，而她則祝我永遠的健康強壯。或許我們的酒量都不大，所以雖只是少少幾杯下肚，她的雙頰就頓然的輝映了酡

紅，而她整個人就像不勝酒力似的更加的嬌羞。

「好久沒喝酒了！」她如是認真的解釋著。

其實，我真的不知道阿桃的酒量如何？但是，她又接著自顧自的倒了一杯，同時也為我斟滿一杯。我只知道住在山裡的原住民婦女很會喝酒，可不知道住在山裡的漢人是不是也很會喝，而且也有很好的酒量，而這也或許只是阿桃個人會喝而已的吧。我也不知道我們到底喝過了多少杯，我但覺舌頭發麻，雙眼有點乾澀，而酒也淡似無味了；酒在我的喉嚨裡就只有苦辣與難以下嚥的痛苦了，而我也只感到頭昏昏沉沉的，好想睡覺。迷糊中，我醒了過來；那時夕陽正斜斜的從窗戶照進來。我翻個身，冷不防的發覺，自己竟是赤裸著身體。

我摸摸床舖，哇，那是彈簧床的床墊，可不是我租的那個「他他米」的床墊，所以當然不是我租住的地方了。我不知道我是置身何處，而且更恐怖的是，我的身旁竟還有一個赤裸裸的女人，而這更令我大吃一驚了。而就這麼的一個驚嚇，我就坐直了身子；這時我才想起我和阿桃相約到街上的回憶。而當我確切的察覺到，我和阿桃是孤男寡女同處一室時，我不禁自問是不是已經做了什麼樣的傻事。我失魂落魄的，猛力的踢開棉被，瘋狂的跳下床；而在此時，不幸的是，映在我眼前的床舖上就有那麼一灘的血紅，我大驚失色，我確實做了什麼不該做的事了。

想到這裡，我就不知不覺的手足無措的怔在那裡了，而後我擁著阿桃，把她緊緊的摟著，那是我含著萬分歉意

的心情做的。我知道我不該享有那種行為，對一個經年流浪的人來說，他怎能享有別人的好意，又怎能接受別人對他的付託？而我的那個擁抱，飽含著太多的歉意，我確實沒料到竟會做了那件事。而更令人懺悔的是，在我知道她依舊是處女時，我卻依舊妄自非為的向她需索，就在今天這個時刻之前。而此刻她聖潔的處女膜已然破裂了，此外我也有些恐懼與不安。

　　阿桃翻個身，深情款款的凝望著我，接著她也緊緊的摟著我，好像有她終於等到的滿足一樣的，而她那豐盈的肉體，傳遞過來的青春氣氛更是濃烈得化不開，像是一種什麼告白。原本她還閃著淺淺的微笑，似是對我有所鼓勵的樣子；卻不經意的，她忽而啜泣了起來：「我是你的人了，你可不能辜負我對你的期待，不能欺負我，而且要天天愛著我。而且從今以後，你要到哪裡，我也要跟著到哪裡！」

　　布袋的事情又浮上我的心裡，而阿珠微笑的臉也一直在擴大著，似乎阿珠也曾經這麼對我說過：「今後，你到哪裡，我也到哪裡！」的話。而在那話裡，似乎隱藏著一種青梅竹馬的允諾與期許。而最後，阿珠微笑的臉變成了死灰的蒼白，我怔住了，我在空想著、妄想著。

　　「死人呀！你是死人呀，我說我是你的人了，我要你好好的愛我，我是你的人！你聽到沒！你就不會多愛我一點嗎？」阿桃一面吼叫著，一面捶打著我。她那種歇斯底里的樣子，還真有點像是母獅子在張牙舞爪一般；而那情

景是我所從沒有遇到過的。

　　「好啦，是的啦，我聽到你說的啦，我到那裡妳也到那裡。就這樣好了，……我答應妳不就是啦。」我嘆了一口氣，依舊很無奈，依舊很懊惱的，事實上，在我心裡那是一堆的亂麻絮，我找不到任何的頭緒。

　　那一天，我回到住處已是晚上十二點多了，而夜深人也靜了。阿春迎著我，她帶著一絲責備的、也有點盤問的口氣說：「這麼晚才回來呀，你上那兒去了！」

　　在月光底下，她的眼神清澈得很，令人嚮往常住在那裡；而在她的注視之下，卻又讓人感受到在她的面前，我不能有任何的冒犯或者任何的撒謊念頭。

　　她是神秘的女人，也是清純聖潔的女人。而阿桃則是一團的慾望火球，一團燃燒著熱烈慾望的火球。我把她們兩個做了一個比較；而其實這是很窮極無聊的事情，我是不該如此的。而這時，在我的心裡，我有開口說上一、兩句話的慾望，就隨便的講個什麼的都可以；我只想出個聲音講個話語，只想以講個話語來打破空氣中的冰凍僵局。

　　確實的，因為我的那份緘默對我是一個嚴厲的酷刑，而氣氛的凝結會是很僵硬的，就像現在阿春和我之間的相處一樣；但是我的舌頭還是很不聽話的，就像打了個死結一般的，我只能這樣的說：「我在街上喝了兩杯……。」

　　我的話還沒講完，之後我的喉嚨裡就有一陣的酥癢，我「嘔」一聲的全吐了出來。我自個兒的來了一個踉蹌的，整個人就往牆邊倒過去了，我只覺得好像阿春在慌亂中用

手拉了我一把，而這一拉，也才讓我這個已然失去重心的身軀，才能勉強的沒有整個人的癱軟下去。而這麼一來的，我整個人的重量就那麼樣沉重的壓在她的身上了。我感到雙腿痠麻無力，而雙手更是不聽話，沒有任何的地方可以擺放，而只在空中胡亂的飛舞著，但是在我的腦海裡，其實還是很清醒吶。

顯然的，我是沒法自我控制我的四肢與肉體了，而當我的大腦指揮著我不聽話的身體向右轉的時候，我的身體卻不聽使喚的非要往左邊傾倒過去不可。我知道阿春在勉力的扶持著我的身軀，其實也不該說是在扶持著我的身軀，而應該說是在抱著我，因為這時的我還很清楚的感覺得到，她的心在猛烈的跳動著。而在她半扶半抱的時候，我終於尋著了我的寢室。她並且好心的讓我躺上了床，然後倒了一杯開水擺在桌子上，就自顧自冷默的走出了房間；原本我還原以為她會留下來陪我的，卻沒想到那只是一廂情願而已。

次日，我一陣冷一陣熱的，我有著強烈的不舒服，整個人輕飄飄的虛浮在空中；感覺上就像飄浮在半空中的風箏一樣。我知道我生病了，可是在我的腦海裡，我依舊看得見那晃動的阿桃誘人的胴體，那個令人充滿滿足感與嚮往愛戀著的肉體，還有的就是阿春的那個關切注目的眼神了，此外就是阿珠的慘叫聲了。她們就那樣無厘頭的交互閃現在我的眼前，而那些影像又交互的飛來飛去。

我似乎睡了足足兩天的時間，我想我是昏迷了，不省

人事了。我感到全身虛脫、軟弱無力，就像馬上要死去一般的飄浮在空中裡；但是，另一方面，在我的內心裡，卻又是越來越清醒了。

「謝謝妳的照顧。」我睜開雙眼，向著阿春微笑著致謝。

阿春也爽朗的笑著，那是我認識她以來，所未曾見過的滿足的微笑。而在那微笑裡，卻又有一份母愛的堅持與善心的保祐。她說：「照顧呀，不對啦，不是我照顧你啦，而是你在陪伴著我，是你在照顧著我呀。你這一生病的，我就變成另外的一個人一樣了，我變得有事情可做了，變得有價值了。此刻在我的心裡，那是一種非常的滿足與充實。你知道嗎？我這一忙的，也就沒有時間做噩夢了！」

「噩夢！」我訝異的說著。事實上，在我的想法裡，所謂的噩夢與少女是很風馬牛不相及的兩件事呀。少女原本就該是人生裡最為純真可愛的時候呀，她們應該是最無憂無慮的一群。

「是呀，我常常感到我的父母是在遠處等著我吶，我總是想像著他們是慘死的。你想經過那麼久的時間了，他們的離家又是那麼久的事，怎麼還會一點音信都沒有呢，而且他們的失蹤正是瘟疫大流行的時候，每個地方都亂糟糟的，人人都在逃命。我常常夢見我的爸媽伸著舌頭，眼眶含著淚水，就像有無限委曲與冤屈的；有時看到他們在屈膝哀求著，好像在央求上天解救他們的靈魂一般。」阿春流著淚，低聲傾訴著她的恐懼。

「那是失蹤囉？」

「那年，我是很久沒有接到我爸媽的來信，所以就回家探望了。而鄰居的阿山伯告訴我，那天有個叫阿凱伯的來看他們，也不知道為了什麼事情了，我阿爸和他發生了爭執，並且自從那天以後，我的爸媽就失蹤了，此外也有一個有銅把子的櫃子也不見了。而在那個櫃子裡，原是用來存放一些財寶的，我常想這可能是謀財害命之類的案子。」阿春繼續說著。

「那你就去找阿凱伯問嘛，看看情況到底怎麼啦？」我思索了一下，還很自以為聰明的出了這個點子。

「我回來以後，確實曾經四處的打聽阿凱伯的下落。可是，過了半年之久，當我打聽到他已搬到樹仔腳去的時候，等我趕到那裡，已經來不及了，阿凱伯已在三天前死了。」

在她的目光裡，只有呆滯的眼神，停留在她那一片回憶之中，而此時，她的那種瘋瘋癲癲的模樣又浮現了。我不知道她為什麼會這樣的，一下子就一百八十度的大改變了，可是她確實是一把鼻涕一把淚的在抽泣著。而當我初次見到她的時候，雖然我猜想她是孤伶伶的，可是我卻萬萬也沒想到，她的父母竟然是失蹤得那麼的莫名其妙，簡直就像懸案一般。

阿春又繼續的說：「當我夢醒，我常感到恐懼與悲哀，我總要伏案跪拜以懺悔為人子女而不能奉養的罪過，我才會心安一點。我的爸媽，原本不要我北上讀書的，因為他

們只有我這麼的一個女兒而已，卻在我的要求下才讓我北上的。當然啦，我爸媽那時的年紀也不小又常生病，為人子女的，卻為了自己的功名而不願照顧父母，想到這點，便更使我悲傷不已。唉！我可憐的爸媽呀！」

　　阿春這麼深入的告訴我，她對親人的想念。而時間也不知不覺的已是午夜了。在這夜裡，沒有星星沒有月亮，而夜也是靜得只聽得到驚蟄日後覺醒的蟲鳴。一陣涼風吹來，我毛骨聳然，不禁又打了個哆嗦。

　　躺在床上，我的思緒依舊亂糟糟的，我一直想著那奇怪的失蹤疑雲。過了很久，我才不知不覺的睡著了，我真的太累了。

　　而我又夢到那隻小鹿跳躍著向前奔跑了，之後就鑽進上次我也在夢中經歷過的那個山洞，我悶頭也想往裡頭鑽進去。可是，這時卻有一男一女兩個小孩堵在洞口，他們猙獰著喝斥我：「走開，走開，不准你進來！」可是，我的饑餓使我壯了膽，飽餐一頓就是我最大的夢想，所以我死命的抗拒他們的喝斥，我也認為他們只不過是兩個小孩子而已，又有什麼好害怕的！

　　我揮出了右拳，想狠狠的打敗他們。可是，那個小男孩輕易的來了一個擋架，也不知道他到底是哪來的招式，就讓我的拳頭揮了個空。而且還不只如此的，他還反手抓住我的左手，而另隻手又一個巴掌的揮過來，我往旁一閃的。當然我是閃不開的，所以我就跌倒了，而我這才想起我是被他用另隻手抓著的，想逃都不能逃！我感覺到我的

腰身很痛，似乎是遭到什麼東西撞擊的。這時我張開了雙眼，才知道原來自己跌在床下。

啊，原來是夢境，一個噩夢。我不知道夢中那個小男孩哪來的那麼大的氣力，而那是很費猜疑的，或許他有什麼特異的功能，也或許他有什麼神力或鬼力的，也或許那只是一個夢中無法解釋的假象。可是，那個山洞依稀如同上次我所見的一樣，也就是在我所做的夢境裡曾出現過的，而這就讓我更感到納悶了。我不知道是不是有什麼關連性存在，或者有什麼暗示性的？

我又種了兩天的相思樹，也和阿桃上了兩次床。那是每到晚上洗過澡後的事，也是在自己空閒下來惟一想做的事。阿桃也沒有拒絕，或者說她並沒有任何的忸怩，也可以這麼說的，做那檔子事似乎還是她深深期待的。

她就好像原本是一個未爆發的火山，原本該是靜默無事存在著的，卻在某個機緣裡突然的爆發了，而且在那被碰觸到最深入底層之後，她再也無法控制那種想要一再噴出的騷動了。她是無法再自行克制那熔岩的噴出了，也無法偃息心裡的騷動。可是對我來說，做那檔子事，卻只是一個衝動、一個宣洩、一個滿足的過程而已。而且在那之後，那就只是一個宣洩後的空虛、無端的軟弱與倦態而已。我開始感到對那檔子事很厭煩，我不知道為什麼非要做那檔子事！而做那檔子事，也只不過是一種發洩而已。那只是個衝動，來得縹緲而其去也匆忙，什麼也沒有留下來，就好像宴席後那種人去樓空的空茫一樣，反而更令人無比

的難耐。

　　兩個人影在我的腦海裡閃過，我把她們做了一個比較。在阿春和阿桃之間，我對阿春反而有著更多的愛憐，雖然我和阿桃有過某種非常親密的關係，但那種肉體上短暫的重疊感覺，並沒有使我更為依戀她，也或者說更為愛她。我也只知道在對性愛的衝動要求之後，帶給我的是極度的空茫與無助。我不知道這是不是因為我認為那種性愛的關係，原本也只是一種單純的動物性的衝動、需索與發洩而已。

　　我央求楊家主人把我分到別的組去，我並沒有說出真正的原因；但也許是最近我的表現很賣力，而且我說如果男人和男人互相搭配，也就是強者和強者的搭配，所發揮的效率不僅是一加一等於二而已，或許在工作上還會更加快速而有效率。

　　此外，我也儘量的避開和阿桃的單獨相處；而我這樣的用著心機，不久也被阿桃發現了。有一天，阿桃就指著我的鼻子問：「你好像在逃避什麼，是不是討厭我了，你這沒良心的人！狼心狗肺的東西！我把我所有的都給了你，我都已經是你的人了，你還這樣的對待我！得到了就不知珍惜了！」

　　「我，我 ── 。」我吞吐了老半天，但仍答不出任何的話。後來，我避開她的注視，才能出聲的否認。我說：「我沒有呀。」其實這個否認是相當的勉強，連阿桃都知道很虛偽。

「還說沒有哪！」阿桃一個粉拳就打了過來。

她打了我一拳似是不夠的，接著還繼續的打了另外的一拳。接著，有許多如同瘋狂一樣的拳頭，就如同驟雨一般的打下來。我一動也不動的沒有還手，我的肉體已經麻木了，我的肉體已經不是我的了。突然間，我心底深層那一股野性的衝動與慾望又爆發了。我丟下了鋤頭，緊緊的抱著阿桃，就像不這樣摟抱著她，就澆不熄慾火。我緊緊的摟抱著她，而她那種緊緻而又有彈性的胴體，就在我的摟抱中扭動、磨蹭著。此時，我惟一能做的就是貪婪的愛撫著她，而這是唯一令我感到安全與紮實的，若非如此我就不會有無比的滿足與安全感。

而在這時，她那原本密密麻麻打過來的拳頭，也漸漸的融化了，而變成沒有任何的力道，而那拳頭也只不過是一種無力的搥擊與掙扎而已。最後，阿桃在我的懷裡就如同小孩子一般的唔嗯低泣。而我那股衝動與野性卻又爆開了。別無選擇的，我非擠壓她不可，非撞擊她那最深層私密的感官不可。我按捺不住的顫動與抽動著，而那個顫動與抽動就好像野狼一樣的殘酷狡黠、嗜血吞食。我把如雨的吻緊密的印在她的雙唇上，我用舌尖攪動翻滾著她的舌尖。而她則哼哼嗯嗯著，一陣陣的顫慄著。無可否認的，她似乎也是極度的想要永遠的沈浸在那種無法控制的顫抖裡。她貪婪的擷取顫動與抽動，她只有一種全然渴望於無盡的顫抖與需索的追求裡。

下班後，在我送她回去的途中，我那股依舊按捺不住

的顫動與需求還是又膨脹了起來，而這使我又把她抱到甘蔗園裡。我粗獷的扯下她的衣物，不停的狂吻，吮吸著她的雙唇與舌尖，還有的就是她整個胴體的每一寸肌膚。我又再次按捺不住那肉體自身的悸動與抽動！

　　我們在往住處回去的時候，太陽已然下山，而在山路上是越來越昏暗了，只有在不長草的光禿禿的小徑，在月光下還隱約可辨識，至於其他有長草的地方，那就完全是一片漆黑了。而兩旁的相思樹林正「嘶嘶」的叫嚷著，而甘蔗園裡的蔗葉也「沙沙」的合鳴。在經過有大石頭裸列兩旁的石子路上時，突然有一隻螢火蟲迎向我，它的螢光一閃一閃的，而這使我的好奇心大大的發作了。

　　我放開了阿桃的腰際，迅捷的追逐那隻螢火蟲；可是螢火蟲總在我的面前飛躍著，我追得快它也飛得快，我追得慢它也飛得慢，不即不離的，而我就是抓不到它。我跟蹤螢火蟲跨過大水溝，而後我走進了蕨類覆蓋的山崖；而那隻螢火蟲就在那一刻裡，也突然的一閃一閃的飛進山崖下的山洞。我定睛一看，那個山洞似曾相識的，我猛然想起那可不是在兩個夢裡都曾經出現過的嗎？

　　我不自覺的跟著鑽進山洞，洞裡黑漆漆的伸手不見五指，而山洞下的石頭也滑溜溜的，可見洞裡很是潮濕陰冷。我點燃火把才再繼續的走進去，走了大概有一、二十公尺的距離，一個不小心我就「砰」的一聲，踢到了一個金屬的櫃子。我用那火把照亮著看，那個櫃子的上面還有兩個耳環，環的上面還沾滿了黃泥巴，也有些是腐蝕的，而在

乍看之下，我還以為那是一大塊的岩塊哪。

我仔細的審視了一陣子，才試著去提那個櫃子的鐵環，櫃子相當的沉重，提都提不起來。

我又再次使力的提，可是那櫃子確實太沉重了，所以櫃子就「喀」的一聲，櫃蓋就外翻了。此時，我看到櫃子裡竟琳瑯滿目的裝滿了白色銀幣和珠寶首飾。而那些銀幣或許是經過長時間的氧化鏽蝕，有些都長出了銀綠而且變黯淡了，若非仔細的辨識或是行家的眼力，那是很難認出的。

我撈了一把銀幣在手上仔細的看了又看。那些銀幣原來都是袁大頭，也就是有袁世凱肖像的銀圓。而在朦朧中，我也看到了箱子旁邊，有幾個骷髏頭陰影浮現出來。剛剛我是全神貫注在查看著鐵箱，所以並沒有多餘的心力去注意到骷髏頭的存在；而在這時仔細的一看，果然沒錯的，那是骷髏頭。

我在心裡乍然的一驚，雙腳也發抖了，我毛骨悚然的拔腿飛奔而逃。我知道我那忐忑不安的心正是我深怕骷髏頭的鬼魅附在我的身體，我顫抖著不停的默唸著觀世音菩薩。我奔回老屋才安心一點，但是我已經跑得上氣不接下氣了。我真的不知道，也無暇多費猜疑的，我不知道為什麼會有骷髏頭的出現，也或許那只是一個幻象而已；也或許有人在這裡分贓不均自相殘殺而死；也或許在這山洞裡，含有沼氣、毒氣的，所以才會中毒死亡。

「什麼事？」阿春叫著我。

　　「我看到了骷髏頭！」我抖縮著四肢，支吾其詞的說著；然後就不醒人事了。

　　我覺得，我必須訴說出阿珠的死因，原原委委的，我也喃喃的唸著阿珠詛咒我的話：「你會不得好死的，會不得好死的！」

　　阿桃曾經來看過我，而她仍然散發著青春與熱情。只是在我的心裡，在從那山洞回來以後，我就在那骷髏頭骨的陰影下，幻想著剖去阿桃外表的血肉肌膚，而在此時，也霍然的只見到她的一付骨架子而已。再沒有任何的玲瓏有致，也沒有任何的一點兒的誘惑、蠱惑人的味道。此時，阿桃對我來說，也只不過是一付的骷髏骨架而已。對我來說，我已不再對它有任何的眷顧或嚮往了，我的心突然平靜如止水了，而阿桃豐滿的肉體，對我來說已不再會勾引起我任何的興致了。一切的肉慾，似乎都只是遙遠的故事而已，是很縹緲的。我想著，萬物的肉體終將毀滅的，再美豔的女人，再令人心動的女人，也只不過是一個假象而已，而所謂的美豔，又將是什麼呢？

　　「聽說你見到了珠寶箱？」有一天，阿桃神秘兮兮的跑來打探消息。我不知道最近的她又是在忙著什麼的。而她的那一句：我走到哪，她跟到哪的話語，早已是雲淡風輕，過眼雲煙了。

　　「不，那只是幾個骷髏的骨頭而已！」

　　「不是說有袁大頭的龍銀嗎？還有珠寶嗎？」阿桃關切的問著。

　　沒想到，消息傳得這麼快的，連阿桃都知道有袁大頭的事了。我常想：每個人對於別人的新聞都是很敏感的，也常會捕風捉影、加油添醋的。尤其是有關錢財的事情，你有錢他嫉妒，偏說你是偷來的、搶來的、收賄來的、貪污來的，再不然就是發橫財來的；而你若是一個窮光蛋，他又會說你無能、又說你只會花天酒地不知儉省。總之，他總是要鬥臭你，把你踩在他腳下，而這樣他才甘心。

　　此外，如果你有些錢財，也會有很多人圍繞著你，把你當大官、大富人一般的看待，整天的捧你、奉承你或者欺騙你、敲詐你。其實，其目的只不過是想從你這裡得到什麼好處，甚至想把你的錢財變成他的而已。最近我常這麼的想，有錢財不是壞事，只要取之有道。而其使用也不外是供給自己生活，供給家人生活，而如果你一些有善心，那麼你更可以捐一些給教育團體、弱勢團體、慈善團體，而這不也是好事一椿嗎？

　　「是有幾個的骷髏頭而已。」我還是極力的否認。雖然我不是視錢財如糞土的窮酸秀才，但對不義之財或者是不勞而獲的貪污、受賄，總認為那是不祥之物，拿了會有不祥的報應。俗語說：人為財死，鳥為食亡；人而能不慎乎？

　　「不是說有袁大頭，還有珠寶嗎？」阿桃又一再的追問。我本想繼續的緘默不語，但看到她已經財迷心竅的緊逼的追問著，毫不放鬆的，那是令我無法再去規勸的了。而在此種情形下，天意將如何作為任誰也不知道，就當是

她的宿命吧。我這麼的想著：就讓她知道那山洞所在的位置吧，是福是禍已屬天意！誰也攔阻不了的。所以，我就把那天和她分手後的遭遇全盤的告訴她。

我看到她急不待的樣子，早早的離去，就知道她將會有事情發生的；可是我卻也沒法再次的提醒她，因為她已財迷心竅了。又有誰人可以轉化她的災禍呢？接著她告辭了，而我也沒有挽留她。我望著她的背影消失了，只感到一陣的迷惘與失望。

阿桃一踏出我的房門，阿春就一腳闖了進來，問著我：「她是誰呀？」

「一個做工的。」我淡淡的說。

「蠻漂亮的嘛！」

「漂亮是漂亮，身材也好，可惜……。」

「身材！」阿春不悅的打斷我的話說：「你把人家看得那麼的清楚呀！」

阿春坐定之後說：「我聽到你在夢魘裡說的，有一個櫃子、有一對耳環，也聽到你說撞到了鬼魅的事，而且你剛剛好像也提到有一個鐵櫃子的事，那到底是怎麼一回事啊，那是在什麼地方的呢？」

「忘了吧，阿春，我懇求妳。」我很關心她的安危：「人為財死鳥為食亡，不可以去的！」

「我並不是為了錢財而去的，我也不是貪念的人，我只想知道那個鐵櫃是不是銅做的。」阿春委屈的說：「我爸媽在世的時候，啊，對啦，我是不是已經告訴過你了，

我爸媽在失蹤的時候，他們也有一個櫃子失蹤了！」

　　我不太記得那是不是銅做的，事實上在那麼微弱的火把照明下，而且那個箱子的外表又是沾滿塵泥的，再加上有些地方也生銹了，而被她這麼一問的，我反而更沒法肯定了。不過有一點可以肯定的，那個櫃子有些地方是有綠鏽，我猜那是銅綠或是什麼的，我的心裡又浮現出那一幕骷髏頭骨浮現在空中的情景了，那是極為猙獰恐怖的影像。

　　「我們去看看！」阿春央求著：「我只想確認那個箱子是不是我爸爸的，我保證我不會去動那些錢財的。再怎麼說，那些錢財也是我爸媽的，他們沒有給我，我也不會去動。」

　　阿春又說：「對我來說錢財並不是頂重要的事，也許你不會相信；但是我希望你相信，我只要簡單的過日子就好了！人生只不過百年而已，若有什麼苦難的，忍一下也就過去了！」

　　而這時，我的恐懼感又浮現了；但是阿春仍然拉著我的手。我們就往外跑，由不得我遲疑與恐懼的。而就在這時，那屋外也不知道是哪來的一陣狂風大作，把樹葉吹颳得「呼呼沙沙」的響個不停。阿春一腳高、一腳低的往石子路上跑過去，害得我也只得跟著她跟蹌的跑步。在恍惚間，我好像又看到了阿桃的身影，那是我絕對可以肯定的。她一定想幹什麼貪心貪念的事了，我想叫住她，可是她一溜煙就隱沒不見了。而到了洞口，我不小心的滑了一跤，實實在在的摔了一個四肢趴地，接著我只得跌坐在地上。

地上是一片濕漉，那是令人聞之欲嘔的腥味。而當我還來不及注意那是什麼東西的時候，我已經跟著阿春相繼的爬進了山洞裡。突然間，阿春「唉唷」一聲就往我身上抱過來，她說：「那裡，那裡有個人在那裡！」

我燃亮火把往前一照，我看到阿桃的身子爬在銅櫃上面。我按了一下阿桃的鼻孔，我感覺不到她有任何的呼吸。我自言自語的說：「阿桃斷氣了！」那話裡有淡淡的惋惜，而我的那個自言自語，也細微得似乎不是在對阿春說的。

「那是誰呀？」阿春抖縮著問。

「阿桃呀，就是妳看過的那位。」我簡短的說。

阿桃的兩腿已血肉模糊了，顯得黏黏膩膩的。她好像折斷了腿，又像是在石塊上爬行過很久一樣，血流了很多。我猜想，她的死因或許就是流血過多了。

阿春仔細的檢視一下櫃子，接著就大聲的叫著：「這是我家的櫃子，這是我家的櫃子！」於是，我又看到骷髏頭又閃現了。

而山洞裡很是陰濕，我又一次打開了櫃子；我霍然大驚，裡面竟然躺著兩具骷髏骨，那是真的有兩具骷髏。我嚇得本想要逃跑的，可是我看到阿春是那麼的鎮定；所以，雖然我仍恐懼著，但我也就沒有那麼的恐懼了。阿春怔了一下，接著號啕大哭。在微弱火把的照亮下，她眸子裡的綠光好像被淚珠一寸寸的掩蓋了。阿春翻開那個櫃子，裡面有一本小記事本，在那發霉的紙頁上寫著密密麻麻的字跡。阿春把那小記事本交給了我。

　　我翻開首頁，上面寫著：劉德榮夫婦死於一九三四年。時瘟疫盛行，見其流口沫、眼發直，似是得了瘋犬病；雖經屢勸仍不願就醫，因之隱居山洞不治而死，下款署名阿凱謹誌。我嘀咕著，這不就是阿凱伯在留書給後人嗎？阿凱伯在敘明阿春父母的死因！

　　可是，這樣的一個死因說明，是瘋狗病什麼的，又怎能讓人相信呢？因為阿春所認為的有袁大頭和財寶的事，到底是有還是沒有呢？

　　如果真的有，那麼那些財寶的下落呢？難道單憑阿凱伯的留書就能取信於人嗎？阿凱伯對於那些財寶應該要有所交待的才對。但是我不能告訴阿春，因為阿春正俯下身撫著櫃子的銅環在低泣，狀至悲傷。而且我也不能認為那兩具骷髏骨就是阿春的父母！除非有其他的佐證；可是看到阿春那麼的傷心，她似乎是真的找到了她父母的屍骨了，而我又怎能懷疑呢，所以我就沒把我的懷疑告訴她。阿春仍在低泣著，我撫著她的肩胛，可是她依然很傷悲。

　　這時阿珠的慘死，又閃現在我的眼前。我也幻想著阿珠是在我們一起偷偷去郊外玩的時候，不小心的從山崖上掉下的；可是我又為什麼常常會聽到阿珠的咀咒？阿珠總是這樣咀咒著：你會不得好死的？而那咀咒又是為了什麼呢？

　　我曾到那山崖下想救她，可是她已氣絕，回天乏術，而且她整個人是血肉模糊，死狀至為悽慘。一個年輕的少女，在花樣年華的時代，就那樣魂歸西天了。而自此之後，

我就深爲自責，甚至在我的心中又升起了無名的恐懼與不安。我膽戰心驚的，也顧不得阿春在旁，只想儘速的逃出山洞，可是我是這麼的舉目無親呀，而何處又會是我的歸宿呢？眼前似乎也只有阿春是我的依戀了。

（刊 1981.05.27-28 自立晚報；2008.12.07 改寫／2013.06.15 再改寫）

媽媽的影子

　　這一次衝突的詳細情節，她已不太記得了。事實上，在她的腦海裡，除了對較為激烈的字眼很敏感以外；對其他的日常性或者推論性的字眼，她一向不太能接受的。也許吧，因為她小時候的逃難旅程，那時她才只一個多月大呀，而在那種大太陽的炙熱照射之下，在那種沒有任何遮蓬的舟車上曝晒著大太陽，任誰都會受不了的；何況是這麼的一個才剛滿月不久的嬰兒，才剛脫離母胎的保護不久的小嬰兒。在那次的逃難裡，她整個的臉蛋，就那麼樣的被晒得黑黑的，臉皮還脫了好幾次。而到了台灣以後，她又住在南部的大太陽下生活，臉蛋也就一直的白不起來了。

　　說她對日常的或者是推論性的字眼不太敏感，這是有點事實可佐證的，那就是在平時的談天說話裡，她只會光顧著自己的講話；也真奇怪的啦，她的語言神經怎麼會那樣的有衝勁，總是喋喋不休。她的話匣子一經打開就止住不了了，別人的插嘴她是聽不進去的，別人也甭想插嘴講話的！

　　記得有一次，她從香港回來，就要足足的休息個兩天的時間，鮮少開口講話的，如此她的嗓子才能略為好轉一些。她的嗓子所以壞得那麼的嚴重，那是因為她在香港話講多了，而旅途又勞累，所以整個嗓子就「失聲」了。

　　但到了第三天，當她哥哥來訪，這又挑開了她的話匣子，雖然她的老公一再的提醒她，要她少說一點話，否則明天嗓子又要沙啞了。可是，你知道嗎？她是怎麼回答的：「管他的，啞就啞吧，還要你管！」她是從不接受別人規勸的，也從不自我反省的，一向她就是一個很我行我素的人。然後，她仍然滔滔不絕的講著她在香港的種種遭遇與感受，不管那是有趣的或是無聊的，反正她是想到什麼就講什麼的，似乎不把那些在她腦海裡浮現的話，一古腦兒通通的講完不可。

　　這次衝突的情節，她只記得一個大概的輪廓了。好像是她在吃飯時，她問著老公說：紅燒牛肉拿進來沒有？而那碗牛肉是她發現他竟然把它放在陽台上，問他為什麼那麼的做，他說是為了那裡的風比較大，牛肉會涼得快一些，所以他才暫時把它放在外面散熱的，說等吹涼再放進冰箱裡收藏，明天熱來吃。

　　但他怎麼會想到把熱騰騰的食物放在陽台上呢？陽台那兒又有風沙又有螞蟻、蟲子的，多髒呀，多恐怖呀！就她自己來說，她就從不會想到把吃的東西放在陽台上去散熱的。她這麼想著：他怎麼可以這樣做的呢？而當時她就要他把那碗牛肉拿進屋子裡來，卻不知道他是不是已經照

辦拿進來？

　　所以就問他牛肉拿進來沒有？而這原只是一句很普通的問話而已。沒想到老公竟然頂嘴：「拿進來了，你不會先看看再責問！」這哪是責問嘛，這只是好心的問問而已，只是再叮嚀一下而已，發什麼脾氣嘛！她心裡老大的不高興。做先生的怎麼可以如此無理的對待太太呢？報紙上不是常說：先生要尊重、體貼太太嗎？他怎麼沒學到這一點呢，哇，這個男人不體貼不說，還這麼頂嘴。他竟這麼說：「妳不會先看看！」，這像什麼話！

　　這叫當太太的臉往那裡擺，想到這她更生氣的左瞄右瞄的，總想扳回一城。而在這時，竟被她看到鋼琴上的毛巾雖是洗乾淨的；但那條的質地是最粗糙的，而且是「尼龍質」最多的，最硬的！那是最不適合用來擦拭鋼琴上灰塵的。而那毛巾怎麼可以拿來擦拭鋼琴呢？她正愁著找不到發脾氣的目的，而這一下子可好了，竟被她逮到了機會。她冒著火說：「這條毛巾是最爛的、尼龍質最多的，怎麼可以用來擦拭鋼琴呢？那會把鋼琴的表面擦出痕跡的！要用棉質的來擦，早就告訴你了。」

　　沒想到這句話又惹惱了老公；事實上，這句話也是為了維護鋼琴的清潔與壽命和美觀而已，鋼琴是耐久財呀，要使用好多年的！而他要是不大吼大叫的，也不會有衝突了；但是他把聲音提到同樣的高昂，大聲的吼著：「不要光動嘴巴，最重要的是自己動手做；妳又不自己做，人家做了妳又挑剔，喔，喔，你最聰明了，就光會動嘴巴！」

　　她這一聽，就發現老公今天有一點兒不對勁的了；這小子，怎麼搞的了，竟然這麼的兇！簡直是吃了熊心豹子膽的，竟敢這樣的對待自己的老婆。她這一想的，想到自己又居下風了，而這真是孰可忍孰不可忍的，不罵罵他好好的扳回一城，怎麼行！她吼叫著：「對，我聰明，我聰明，誰像你那麼傻傻的，呆瓜一個！」

　　記得媽媽跟爸爸吵嘴時，媽媽總是大吼大叫的，而爸爸就讓步了，而媽媽也就佔了上風了。其實也難怪的啦，媽媽一向能幹，她做的家事很多，整天忙這忙那的，吵架的本錢當然多了，嗓子又大又會發脾氣的！當然，媽媽的能幹還不只吵架而已。

　　二十年前，她的爸爸年紀輕輕的就因為胃病退休賦閒在家，也沒有什麼收入了，有的就僅只是半年一次發下來的退休金而已。而就那麼一點點的錢，怎麼可以維持家庭的正常開支呢？這還不是靠著媽媽每天打打小牌贏一點錢。而且媽媽還能在打牌前，就把家事整理得井井有條的了！記得自己在上高、初中的時候，除了專心的用功讀書以外，什麼家事都不用做的，不像別人家的小孩子要幫這幫那的。媽媽總是這麼說：「去多多讀書就好了！」

　　而且自己書讀的晚，媽媽還會給宵夜鼓勵。而且自己每日睡覺總要賴到六點媽媽來叫人了，才會匆匆的起床。而當她醒來，媽媽已經把早餐準備好了，便當也裝妥了，看著媽媽這麼的偉大，這麼的能幹呀！她想著，自己能有這樣一個能幹的媽媽，那真是太幸福的了。

　　固然，兄弟們上到大學並不是全靠媽媽運氣好打牌贏錢，而是有一大半的原因，也是在兄弟姊妹的通力合作下完成的。當大的一個畢業賺錢了，就要供給另外一個小弟小妹學費，也是如此的，所以才能持續的培育出個個都能上到大學畢業。而所謂的一個供給一個，那就是說：當大的畢業賺錢了，就負擔下一個弟弟或妹妹的學費、雜費的；而這一個畢業了，就又負擔他的下一個弟弟或妹妹的學雜費，如此接續的就讓所有的兄弟姐妹個個都能讀個大學畢業了。

　　這是怎麼搞的呢，以往他並不是這樣的，而今他竟也頂起嘴來了，他竟敢這樣的揶揄著：「妳聰明，妳能幹，大學時妳用了高中畢業證書考取了普考，有了就業分發的保障；可是，大學畢業以後，你卻偷懶不敢考高考了！妳能幹，妳真是能幹呀，當個家庭主婦也不像一個家庭主婦！」哦，我不能幹，他怎麼可以這樣罵我的呢！何況我一心想學媽媽，我要跟媽媽一樣的能幹，她在心理暗自嘀咕著，這時媽媽的影子，又浮現了。

　　記得小的時候，或許是滿月時她被太陽晒昏了頭，所以長大以後有時反應並不太好，而且臉蛋也是黑黑的，又是終日不苟言笑的，直如軍訓教官的撲克臉一般，不管怎麼說的，她就是不討人喜歡的。所以，每逢過年過節的，當兄弟姐妹們都在幫忙作菜作飯的時候，她自己就只能努力的洗洗窗子，她在用最辛苦的勞動幫忙做家事。而那作菜、作飯或者揀菜、切菜的事兒，多少總要一點兒經驗與

技巧的事，而自己並不是手巧的人，也沒法做好那些事了，所以只得揀這種洗窗子的粗活工作了，而這是多麼的令她傷心的事，而且也很蹩腳的。

他怎麼可以罵他自己的老婆不能幹！她的火氣已經冒了出來了，那麼冒就冒好了！要止住那冒出來的火氣並非容易的事。她又吼著：「我沒做事嗎？我是職業婦女，職業婦女就是有賺錢的人！」雖然賺的錢沒老公的多，但是據說有些男人錢賺多了就會作怪的！報上不是常說：男人大多飽暖思淫慾，好多夫妻都是可共苦卻不能同甘的，老公錢多心就癢會作怪的，老公錢多又有什麼用！對女人來說。

何況再想想，沒有我這個勤勞又節省的老婆，他能存幾個錢嗎？看，房子買對啦，買就漲，一坪兩萬變五萬的；鋼琴買對啦，過不了一個禮拜就漲了九千元，沒有我的能幹，他能存錢嗎？咦，這句話怎麼多像媽媽的口氣呀！

他又吼著：「妳家教不好，又懶又自私！」

「他怎麼常罵我家教不好！」她心裡想著：「怪的很，難道他的家教就好！」

此時她也吼叫著：「你家教好，幾個兄弟都是壞蛋，我看你也不是什麼好東西的啦！又愛管人又髒的。」髒，對，罵他，罵他頭尾不分，罵他的家人，他一定會受不了的，包準他會火冒三丈：「你們家頭尾不分，一個洗臉盆，又洗臉又洗腳的！就不知道洗臉用一個盆子，洗腳用另一個盆子。」唉，媽媽的影子怎麼又顯現了呢？媽媽是強者，

是多麼能幹的人啊！

　　看著他氣得囁嚅著講不出任何一句話的痛苦時，她正暗自得意著，沒想到他一個輕脆的巴掌就打在她的臉頰上了。

　　「打人！你敢打人，難道我不敢打你！」她忖度著，接著掄起粉拳打了他一拳。

　　他站起來，用手輕易的將她的手架開。

　　「我沒有打到你，不算數的，你打我一下，我不還你兩下就不是人，你要讓我打你兩下！」她雙手齊發的打了過去。而他又是很準確的打了她一個巴掌。她的臉頰被「啪」的一聲響；她真的更是火大了起來，好，打就打，誰怕你！

　　咦，奇怪的很，怎麼自己又沒有打到他呢？她用手打不到他，就想著用剪刀。哦，不可以的，用剪刀，萬一真的捅到了他，那他不是要受傷了嗎？會流血的！那就用叫的好了，叫大聲一點，總要惹他暴跳如雷的，如此才可以善罷甘休！而她的另外一個念頭又浮現在她的腦海裡，而且還有和媽媽一樣的吼叫的影子，對，就說要離婚好了！記得有一次吵架的時候，她就是哭喊著要離婚的，而他一聽到離婚，就低聲下氣了，那一次真是不費吹灰之力就取得了勝利。

　　「離婚，我要跟你離婚！我早就跟你說過了，我是不能和你白頭偕老的，我們離婚！」奇怪，他今天怎麼啦，又吃錯藥啦，竟然不像上一次吵架時道歉再三的哄著我。他只是鎮定的說：「好，離婚！」幾個字。而這是多麼無

情的呀！她的這一著威脅離婚的恐嚇也不生效了。而論打架的，自己也打不過他；再說離婚吧，也不生效了！今天真是奇怪的吶，當媽媽跟爸爸吵架的時候，媽媽火了就會嚷叫著要離婚的，而爸爸總是不敢吭聲；他怎麼不會像爸爸對待媽媽的那樣的低聲下氣呢？

　　好了，那她就作賤自己吧，她拿起菜刀往桌上一放，沒來由的恐嚇著：「你殺了我吧，你殺了我吧！」怪的很，他還是那麼的鎮定，還是一聲不吭的吃著飯。她只聽到他安詳的對著兒子說：「快點吃，吃完飯，我們看電影去。」而兒子大概是受到了驚嚇，竟然一點兒的飯也不吃了，那情態不是太像自己以前賭氣的樣子了嗎？

　　記得以往在過年時，別人家都是喜氣洋洋，只有自己總是扳著臉孔，沒有一絲絲的笑容。不錯，在功課上，她是比他們差了一點，他們都是考上省中、省女的，就只有自己考上男女合班的縣中，就是差了一截的，也難怪會和他們格格不入的，自己的功課並不怎麼的好，而他們的功課卻又是班上頂呱呱的，所以自己在家裡早被他們歧視慣了，內心裡就是有點自卑感作祟！

　　那一年，還是老樣子的，她一大早就扳著臉孔的，碰到媽媽也忘了跟她說：「早安！」或者「恭喜發財」的吉祥話。而她的媽媽看到她扳著臉孔，竟也同樣的扳起臉孔罵著她說：「不要看到妳，一大早的就是一臉的臭，就像別人欠妳錢一樣！」在那一天，她真是傷心極了，所以早飯也沒吃了。她的那碗飯是連吃一口也沒有的，然後她就

又上床窩在被窩子裡傷心的哭泣著。

奇怪吶，怎麼我的老公卻又和氣的對兒子說：「那喝一點湯好啦。」其實，他平時是很和氣的，而他若是和氣的時候，你就是踩到他頭上都沒有關係，唉，今天是怎麼搞的了，他和氣的言語怎麼都不是對著自己說的呢？

那她就躺在地上打滾好了，就像兒子小時候一樣的常常這樣！她叫著：「你殺了我啊！」

兒子順從的喝了一碗湯。而這還真使她更加的生氣了，自己這樣的作賤自己，而他竟然無動於衷，飯還照吃不誤的，而且還那麼的心平氣和，這簡直是不可以原諒啦！這簡直是他一點也不關心嘛。好，這也不能奏效，那就真的和他離婚算啦。

想到要離婚，她就打電話給三哥，她說：「三哥，我要和他離婚，你做證人好嗎？他不是人，我不能忍受他了，他動不動就打人、罵人！」

她的三哥當然摸不著頭緒，事實上，她自己也不真的要和他離婚的，只是要挽回面子，表現出自己是任誰也惹不起的。媽媽跟爸爸也是常吵架呀，他們吵了三、五十年的，也沒真的吵出一個離婚呀，但總是要有人來規勸他呀或者罵罵他呀，數說他的不是，才能出了自己的這口烏氣，也才可以表現出這次吵架的嚴重性。

「哦，」她的三哥只是輕聲細語接二連三的問著：「怎麼啦？」

她的三哥是好人，他們家兄弟就數三哥最好了，別的

都不是好人；事實上，本來也就不敢期望三哥會當真當離婚證人的。只聽三哥又接著問：「維維呢？」也好吧，自己就把電話交給維維好了。

　　兒子天真的述說著：「剛剛吵嘴，媽媽問著爸爸什麼東西拿進來沒有……，然後爸爸說他以後不擦拭鋼琴了，然後，然後，他們就吵架了，爸爸打了媽媽一下，而且把媽媽的項鍊也扯掉了，媽媽就一直的打他，爸爸呀……他在旁邊，……他不接……好……再見！」

　　兒子掛斷了電話，他怎麼可以不接電話呢？自己勢單力薄的，正想找個人幫忙評理，站在自己這邊的！可是他竟然不接電話！走了，他們父子兩個出去看電影去了，自己沒有吵架的對象了！

　　突然她感到很寂寞，好像四周都是空空蕩蕩的，自己並沒有擁有過任何什麼東西一樣的，又像是漂流在大海裡沒有任何一片可依靠的木頭。

　　不錯，自己結婚已近十年了，在兩個人通力合作下，有了房子，也有了孩子，而這一切都是兩個人胼手胝足的成果，怎麼可以一下子就失去了呢？老公，不錯，偶而的脾氣壞，但是他也操勞呀，回家也幫這幫那的，雖不體貼，總還蠻勤快的啦，總比別人家的男主人，那種飯來張口、茶來伸手當老太爺的人強多了。何況他自己還很省吃儉用的，供給子女和妻子穿好一點的，吃好一點的，也怪不得別人都說他是一個好先生了。還有的，就是人家常會說的：家和萬事興。唉，為什麼常常要三言兩語不合就吵架呢，

就衝突呢？

　　這時，她坐在沙發上，無聊的想著：自己的脾氣也大，而他的脾氣也大，會不會是肝不好呀，是肝炎又發作了嗎？明天可要他去抽血檢查看看，人家都說脾氣大就是肝火旺；而在此時，她又把自己坐成一個很像她的「媽媽」的姿勢。

（刊 1981.10.27 中華日報）

肚子裡的貨

　　他匆匆的收拾了卷宗，把它們通通放進抽屜裡，並且把抽屜下了鎖。他顧不得和其他會晚一點下班的同事打招呼，就逕自急急的去等班車回家。結婚已三個月了，但那種新婚的喜悅仍在延續著，他惦念著伊人的心情也還沒有任何的減退。漫長的一天又過去了，自從結婚以後，他上班時就常會不自覺的惦念著她，記掛著她，他總會不知不覺的想著她在家裡是否平安愉快的。人家常說：女人是善變的，較情緒化的，也較多愁善感的。

　　他不知道這到底是真的還是假的，但他總是希望能夠每天笑哈哈的過日子，甚至於一生一世都是這麼笑哈哈的過日子，而沒有一點兒空虛、寂寞、憂鬱或愁苦的情緒。他還沒有把門鎖打開就招呼說：「阿珠，我回來了，妳在忙什麼？」待他打開門，他又急急的掃視了一下客廳，而後他就把眼光落在廚房那邊，只見阿珠把雙手在圍兜上擦了又擦的，就邊招呼邊迎了過來。

　　有幾次他很想去擁抱她，學學外國影片裡的情景打個

「啵」的；但到了最後，他仍然是按捺住那個衝動，只體貼的說：「妳休息休息，我來做。」

阿珠也笑嘻嘻的說：「沒關係的，男主外女主內，燒飯洗衣是我的事。何況你上了一天的班，已經夠累了，也該休息，你去看電視好了。」

阿珠正忙著，而阿土怎能自己一個人呆在客廳裡看電視，這那像話，怎麼好意思呢？何況昨天阿珠還提起她的月信脫期了，她的肚子也微微凸了，她說或許自己是懷孕了。想到不久自己就要當爸爸了，而這個盼望更讓他喜上眉梢，他急急的說：「人家說孕婦要多休息，你先休息好了，何況我上班也不頂累的。」可是阿珠還是堅持著留在廚房裡，所以事實上晚餐是兩個人一起做的，因為任誰都不好意思獨享清福。

次日，他們夫妻兩人一大早搭車回家，他很興奮的告訴媽媽說：「阿珠懷孕了！」

他的媽媽本來也深為高興的，但當她仔細的瞄一瞄阿珠的肚子以後，卻偷偷的、很狐疑的說：「怎麼會那麼快的呢？」

這時，他才感到有很大的壓力掉到自己的頭上了，他仔細的回憶，婚前人家說過的話：才懷孕三個月，肚子還看不出來的。這時，他也開始對阿珠那很可以看得出來的，因懷孕而凸出的肚子起了疑心，他認為那個懷孕會不會是她在婚前即有的。而想到這個，便使他憶起到她家去提親前，就聽鄰里說過：她已有一個很要好的朋友，因為她的

父母不欣賞那個男的，所以才禁止他們往來。

　　人家常說：疑心生暗鬼，這確是有相當道理，他望著她漸漸鼓起的肚皮，他不再有任何的喜悅與興奮，僅有的只是一種對她的嫌惡與懷疑。而在這個氣氛裡，不久也感染到了阿珠。

　　有一天，阿珠就追問著：「為什麼你的態度變得那麼快呢？」這時，他反而不耐煩的責問：「妳肚子裡的是誰的貨？」

　　這真是一句很傷人的話。阿木不但懷疑阿珠自己肚子裡的小孩不是他的，而且還稱他自己的小孩是「貨」，也就是「東西」的意思，這哪是有親情的稱呼呢？而這使阿珠更是傷心，她生著悶氣。甚至氣得幾乎昏了過去，但她是有一點百口莫辨的，那就是她確曾有過很要好的男朋友，那是鐵的事實，不容狡辯、抹滅的，何況自己鼓起的肚皮就是比正常的懷孕大得太多了。可是，她是不是有越軌行為，只有自己最清楚了。阿珠默默無語的，一點兒也不想辯解，而這使得他更為肯定她在婚前一定有什麼不可告人的祕密，她是心虛才不敢辯解的。

　　而這一來，他就連帶的也對她的爽朗答應婚事起了疑心了。他記得他在三年前就曾分別找人到她家去提親，卻總是被她的家人婉拒，直到在四個月前，阿珠的家人才突然的爽快的答應他的提親，而且就擇定次月下聘和結婚一起辦了。阿木想著：為什麼會那麼著急呢？莫非那時阿珠已播下了野種，而她的父母又不肯答應那個男的，所以阿珠在燃眉之急的情況下，才會倉促的答應。

　　而阿珠也認為她自己是不是有不貞的行為，自己最為清楚了；雖然她在婚前有很要好的男朋友，但其交往總是止於禮，並沒有任何的越雷池一步。阿珠非常清楚：當時她所以答應嫁給阿木，其實也是為了阿木那麼的死心塌地、三番兩次找人來提親，而且聽說他在這三年來，也沒有中意過任何其他的女孩，而這才使她在他的那股熱情與傻勁下被感動了，才答應他的提親。阿珠本來想：阿木是如此忠厚老實的人，用情至深的，他會忠心不二，一定是一個可靠的人，誰知道他竟是這麼的醋勁一大缸。

　　阿珠答應阿木的提親，本想自此可以安穩的和丈夫恩愛的過一生，那裡知道從結婚開始計算，也才不過三個月的肚子，倒還真像懷了五個月大的身孕；在這種情形之下，光說自己是忠貞的，又怎能取信於人呢？

　　阿珠想著：自己白天裡守著空閨，那種無聊與空虛的等待良人回來的情景，她不敢任意的去鄰家串門子聊天，也不敢到處的亂跑，就是怕他會有所誤會。她想想自己這樣全心全意的把自己交給他，哪知道他竟是一個不肯相信妻子的人。而夫妻兩個人，即然不能互信互賴，又怎能白頭偕老呢？而自己的忠貞，光憑自己說說，又不能取信於良人，夫復何言？因之她強忍著那股氣憤，默然無語著。

　　「鈴——」一聲，電話鈴響了，阿珠匆匆的去接聽，她心裡嘀咕著：「又是查班的。」果然不出所料的，又是阿木打來的，還問上一些沒頭沒腦的話。

　　什麼現在在做什麼啦？有沒有睡午覺等啦，阿珠有一

句沒一句的回答著。如果這些電話，這些話語，是在婚後就這樣，那麼阿珠還真會認為那是體貼、關心；但這些電話的開始卻是在被懷疑不貞後才打來的，也許只是湊巧，但這種湊巧卻湊巧得很不適宜，使人感到非常的不自在。是哪一天開始呀，她也不知道了。她是為了什麼而和阿木大吵特吵的，阿珠在心裡想著，自己是很明白的啦。那一次，只是因為那天下午，阿木打電話來，而自己又睡過了頭，沒聽到任何的電話鈴聲，因此阿木一回家就怒氣沖沖的劈頭質問著：「下午到那裡去了！」

　　阿珠是有點兒莫名其妙的回答著：「沒有呀。」這時阿木就口沒遮攔大聲的罵著：「我下午兩點五十八分打電話回家的，竟然沒有人接；妳知道嗎？我最近所以每天要打電話回來，就是要看妳在不在家，有沒有到別處去撒野。果然妳今天被我捉到了，幹嘛！為什麼不留在家裡做事呢，是不是去會老情人了，妳是在給我綠帽子戴嗎！我就知道妳肚子裡的貨是野貨，妳這個不忠不貞的女人，我還要妳幹什麼，滾 —— 滾 —— ！」

　　阿珠呆楞在那裡，原本還想申辯的，但繼之一想，也是自己有不對啦，要怪就怪自己睡的太沉了，睡過頭了，所以她只是呆楞在那裡，一副不知所措的樣子，而且也不知辯解。而她的不發一語，卻更令阿木傷心透了。此時阿木更是激動的嘮叨著：「妳不呆在家裡，那就離婚好了！」

　　聽到離婚的字眼，頓然使阿珠異常的震驚，結婚也才不過三個月而已的，良人竟然就威脅要離婚，那麼往後的

日子又將怎麼過呢！阿珠不知不覺的淚珠簌簌的掉了下來。

　　那一夜，阿珠就一直在客廳裡掉淚，直掉到自己筋疲力竭，才就地躺在沙發上睡著了，而這是「淚痕」也是「裂痕」，是一個再也沒法彌補的裂痕。也就在那個晚上，阿珠竟不小心的從沙發上翻滾了下來，而她那撞擊地板的聲音，也把阿木嚇醒了。阿珠意外的摔了下來，而當時的阿珠，只覺得肚子奇痛無比的，她不自覺的哼哼唧唧的叫著。而阿木雖然仍在生氣著，但他同時也還暗自高興著，阿珠這一摔的，說不定就把那個野種摔掉了。但是，看在夫妻的份上，阿木還是強忍著不情願而去扶著阿珠下樓。阿木把阿珠送到醫院掛了急診。

　　過了個把鐘頭的檢查，醫生竟宣佈說：阿珠肚子裡的並不是胎兒，而是腫瘤，需要馬上開刀。而這個消息使得阿木感受到極大的震驚與不安，他懊惱不已，深深自疚著！阿木一面想著：阿珠，很抱歉呀，我對不起妳，我一直都這樣的懷疑，這樣的誤會妳，這是非常不對的事。然後，阿木就一面急急的到處張羅手術費，準備為阿珠剖腹開刀。

　　「阿珠，我很抱歉！我一直都在誤會著妳。」當阿木看到阿珠驚訝的眼神時，他突地跪下乞求著阿珠的原諒。

　　而在這時，阿珠只感覺到自己的手腳如有千斤重的抬不起來，她也感到自己很是脆弱的，脆弱得很想大哭一場。長了腫瘤雖是不幸，至少還有個夠令她高興的，那就是有了這個開刀，有了這個腫瘤，她已無須多言了，就足以證

明自己的清白。她想到最近所受到的羞辱與委屈,而那一些都並不是一下子就可以淡忘掉的。她別過了頭,背對著阿木,背對著那滿含著愧疚的丈夫。

（刊 1981.11.06 台灣時報）

七年之癢

　　吳凱一腳踏進了大門，劉姍姍就嗲聲嗲氣的湊上前去，在他耳邊輕聲的問著：「今天是什麼日子呀！」吳凱可真沒有料到她會這麼沒頭沒腦的問著，他挖空了腦袋，卻是壓根兒想不起今天到底是什麼特別的日子。他奇怪著劉姍姍怎會問這種是什麼日子的話，怎麼一點兒印象都沒有呀。

　　吳凱不得已，只得偷偷的瞄了一眼那月曆上的日期；可惜，還是沒有任何的印象。月曆上並沒有註明今天是什麼節日，他沉思了老半天，竟然仍是無法回答。

　　這時兒子吳明田從書房裡衝了出來嚷著：「笨瓜，就是爸爸和媽媽結婚的日子嘛。」經兒子這麼一說的，吳凱這又瞄了一眼月曆上的日期，可不是嗎？三月六日正是自己和老婆的結婚紀念日哦。

　　記得在結婚的那一天，本來是大好的天氣，但在下午

三、四點時竟然飄起幾滴的雨來了。人家說：結婚那天飄雨不好，象徵結婚生活會有陰影的。而當然啦，或許這僅是傳言而已，不一定可信的；但想想婚後和姍姍一起，雖然也免不了會吵嘴，但過後還不是雨過天晴、雲消霧散了，而日子倒也過得很平凡，沒什麼大風大浪的。

　　劉姍姍提議說：「今天我沒有做飯，我們就到外面吃飯慶祝了。」這已是慣例了，每在家人的生日啦、結婚紀念日啦等的，一家人總是在外面打打牙祭的。本來對到餐廳大吃一頓，吳凱總認為太浪費、也太花錢！而在餐廳裡點的那些菜餚，若論自己買材料回來做，那大概只要三分之一的花費就可以了，也就是說上餐廳消費，就每道菜的售價與成本比較，餐廳總要賺個三分之二的；但後來經濟比較寬裕，有時也真的懶得在家做飯，所以就會在外面打個牙祭，也不管餐廳是賺了三分之一或是三分之二的了，而這只是圖個方便、省事與享受口味啦。

　　上菜後，劉姍姍就舉杯喝了一點酒說：「今天是我們的結婚紀念日呀，人家都說男人會七年之癢的，你該不會吧！」吳凱訕訕然的，他也不知道該怎麼個回答才好，吳凱一向不太能接受這種玩笑話，他總認為自己是一個標準丈夫，下班就急急的回家，不敢在外面多逗留。而且他一回到家，就是幫忙做這個家事做那個家事的。他有時是幫

忙做飯的，有時是幫忙洗碗或者拖地的，總之，他很願意盡量幫忙做家事，減輕太太的家事負擔。

固然，他有時也會欣賞別的女人，那是那個女人確實很美麗或者確實風度很優雅，他甚至偶而也會有浮現愛慕的情緒，還曾私底下想著跟那些女人談天交友的；但至少到目前為止，他並沒有任何真正越軌的事情發生過。而在報紙上常寫的那些外遇的、舊情復燃的情節等，都跟他離得很遙遠，就像南北極一樣。

這確是一種平凡極了的生活，每天在固定時間上班下班，偶而假日到郊外走走，也要帶著老婆和兒子一起去。

他一向被限制個人的行動自由，老婆總是這樣的說：「你自己一個人去玩，我們不放心啦，誰又曉得你是玩什麼的？而且聽說現在倒貼的女人還真的不少吶，你又會寫點文章，說不定哪天你妙筆生花的一騙，果真就有傻女人真的愛慕上了你。何況自古文人多風流，當然以往文人的風流是雅興，而現在的人對性較為開放，風流可就成了男女不正常的關係，而變成了下流。所以你要去玩，可以，只是非要帶我和兒子一起去，否則你就別想單獨一個人跑出去玩、出去野。

這是什麼話呀，結了婚就像個人的自由也跟著典當了一樣！而吳凱雖是有一點點的不滿，但那不滿在「家和萬

事興」的觀念下，也只得默默的承認這麼一件事。但在今天的這個結婚七週年的紀念日上，他被劉姍姍這麼的一說，倒真觸動了他平日對太太那些一點一滴慢慢累積下來的不滿了。七年之癢，他竟真的對太太有點不滿了，也或許是乏味了。而回想這幾年來的生活，他總是盡量的努力工作，供給家裡平安的日子，卻竟有時還要遭到劉姍姍的冷嘲與熱諷，而對這他真的是越來越不甘心的了；他是這麼真心的愛著這個家，而竟不受到讚美，反而有著太多的奚落與諷刺。

他記得那次她提起過倒貼的事，他曾回說：「喂，講話可要客氣一點呀！你看我每天下班都是急忙的趕回家，我可沒有在外面逗留不回來。」而這，你說氣不氣人呀，你說她怎麼回答的：「那可不一定呀，你下班急著回來，是回來吃飯的，你怕在外面吃飯亂花錢；何況現在很流行午妻、早妻什麼的，誰又曉得你有沒有午妻、早妻呢？你可別忘了，中午時間我可管不了你，說不定你就帶著你的情人上什麼咖啡廳或去開旅館什麼的了。」劉姍姍是這樣半開著玩笑的說著。

而就在那時，吳凱都是感到百口莫辯的，他真是氣得一肚子火的直冒，他是非常不自在的，何況現在已過了那平淡而乏味的七年婚姻生活了。

　　人家常說：七年之癢的。想想也真有一點兒道理，生活裡沒風沒浪過度的平凡，有時就是乏味的很哪。好吧，七年之癢，那就癢一癢吧，吳凱在心裡暗自下了個決定：他想要去偷吃！而這也是在反抗平淡乏味的生活。那個癢一癢的心理，雖只浮現了一下子而已，就已在兒子天真無邪的言笑下，他很快的又把那個念頭忘掉了。那一天，他們吃完了飯以後，還一起去看了一場電影。

　　在父母二人組成的家庭，兒子也是維繫家庭的一大力量了，每天看著兒子的成長，他總是希望能盡力的供給子女安全與快樂的生活。所以，雖偶而和姍姍吵個嘴的，有時也是念在兒子的將來，而沒有擴大吵架的態勢，沒有吵到離婚的地步。記得有次，他自己傷了她的心，和她吵了嘴；他曾不滿的打了她一下，而她竟如同往常的也回敬一下，他又打了她一下，而也許是打的太重了一點的，竟把她的手臂打泛紅了。而這一下子，那可不得了啦，她張著嘴就咬他的手臂，而他則更狠狠的揍了她好幾下，打得她像被殺的豬，尖聲的大叫。

　　而她則不甘心的就近拿起了剪刀，嘴裡就喊著：「我殺了你！」就作勢比劃著。幸虧女人力道小，動作也遲緩，又只是擺擺樣子；否則真要被她刺到了，也是難受的，甚至會流血受傷的。他一把抓住她的手，而她則更是尖聲的

大叫，好像非讓三條街以內的人都聽得到一般。他把她手裡的剪刀搶了過去，但餘波未平的，那天她出走了。

　　她離家出走了一整個下午，一直到晚上八點，他耐不住一個人的孤單無聊，而且確實深切關心她的安危，所以就打電話到她大姐家去，才知道她在她大姐家那兒，而後他就去接她回家了。他常想著：是不是結婚的人就是這樣，見面就吵架，不見面又想念。他想著婚後妻生活的種種，他感到妻是有愧於自己而不是自己有愧於妻。而這麼一想的，使他更堅定的想要癢一下了；事實上，什麼叫癢一癢的，他並不很清楚，但他總認為那是男人和女人有關的事，說不定就是做那檔子的事。

　　他想到公共場所去結識女人，據說西門町有很多「釣凱子」的女人。只要他自己的荷包夠飽滿的，她們就會自動的送上門來，甚至於在市區車站牌下，有時也可以和妞兒搭訕的，或者他就打個電話給那位學生時代的情人，雖然她出嫁了，但還是一直有電話上的連繫。以前他只是礙於兩個人都已結婚了，各有各的家室，所以不敢相約聚會。他想著說不定邀約她出來，他們會再度的舊情復燃，再不然就到胭花場所去逍遙探秘一番，他想著反正方法多的很，真要決定不忠的話。

　　那天他下定了決心，開始每天利用午休的時間去逛西

門町；他所以不敢在晚上去，那是因為下班不直接的回家，萬一偷雞不著會先蝕把米。如果，老婆起了疑心，那不是更要醋海生波了嗎？而更糟糕的是，也許還會惹來家庭破碎的風險，那才真是最划不來的事了。

　　有一天，他到了西門町去逛街。當時，那西門町是較他在婚前逛過時繁華多了，而且繁華得近乎奢侈。看看那些戲院、咖啡館的林立，看看那些商店的霓虹燈處處耀眼的閃爍著，而有閒、有錢的人也更多了。他故意把千元大鈔擺在上衣的口袋，他在炫耀自己的荷包飽滿，而後他站在戲院門口故作等人之狀。他的眼睛瞟呀、瞟的，瞟著那些妞兒們，她們都是二、三十歲的女人，正洋溢著青春的朝氣。他想著若能搭上線，痛痛快快的玩上一整天，他願意花掉半個月的薪水。可惜他等了很久了，還是只有自己一個人孤單的佇立在那裡，而當他正感到很無聊、無趣的時候，突然有兩位少女站在他的面前。她們的那種清新樸實的打扮，一看就知道是學生身分；他仔細的打量一下，她們兩個人都是眉清目秀的，也的確有學生身分的氣息。

　　「先生，請問一下。」那位鼻子較挺的女孩很有禮貌的問著：「火車站往那裡走？」這倒真是正點的啦，是問路的不是吊凱子的；他在心裡嘀咕著。接著他很有禮貌的指著前面說：「往前走，遇到鐵軌就是中華路了，再往左

直走就是了。」

　　「嘿，總有人來問路。」他在心裡嘀咕著，他並不至於太緘默的了，而這倒可以再等等的，說不定真會時來運轉的。

　　「嘿，少年嘞，你在等人呀！」突然有一個濃妝艷抹的女人，也不知是什麼時候從什麼地方閃出來的，正站在他的面前說話。

　　他盯直眼珠子，看著面前的女人。她是那麼的清癯，好像有點過度勞累的蒼白，她的眼瞼和嘴唇的地方，也誇張的分別塗抹著靛藍和鮮紅色，予人的觀感就是可怕，人不像人鬼不像鬼的。他心裡有數，眼前這個人一定是所謂的風塵女郎了，也就是所謂的「落翅仔」，是可以用錢買她的身體的；可是，他對面前這位女人的樣貌，確實不敢恭維，那是很倒人胃口的。他簡直就像看到厲鬼一樣的，怕都怕死了，哪還敢有什麼非份之想的胃口。所以他就著急的說：「對，對，我在……在等人啦。」他是一副拒人千里之外的態度，很嚴厲的，好希望眼前這個女人會知趣的自己閃開；可是這個女人竟像盯上了他一樣，仍然佇立在他的面前，而她的那襲裙子和那件衣衫都是緊貼著身軀的，而她瘦削的身材也有點弱不禁風。

　　她又說著：「你站在這裡，已經一個鐘頭了，還沒有

等到人呀！」言下之意，她已經默默的注意他好久了。而這種引起被注意的感覺，使得他有點毛骨聳然的，而且還真令他錯愕得很快快不快的。他盯了她一眼，正見她啓開幾顆的門牙，而那是嚴重嚼食檳榔所留下的黑污顏色。她接著又說：「算啦，不要等了，我帶你去一個好玩的地方，那裡很便宜的，收費不高。」接著她就伸手要抓他，而他則急得手一甩的，卻一不小心就碰到那個女人的身體了。

　　他正想拔腿逃走，她則突然大聲的吼著：「你怎麼打人了，你怎麼可以打人呢？」接著，她就是又哭又鬧的，而這使得他突然的怔住了，呆瞪著雙眼而不知所措。

　　有幾個看熱鬧的人圍過來了，他們都是粗壯的濃眉大眼的人，他們的穿著都是很炫眼的，一看就知道是在炫耀他們的身分，他們是穿得好、吃得開的人。他一看情況越來越不對勁，就急急的辯解著：「是她拉我的，是她拉我的，我才不小心碰到她的。」可是那些看熱鬧的人，還是流露出一份兇惡的眼神，沒有任何一個人站出來爲他講句公道話，似乎他們生來就是愛看熱鬧的，而此時更有人出來指責他的行爲的不是。他想著：眼前這個女人，一眼就可看出是風塵女郎，並非善類，而怎麼竟沒有人看得出來呢，難道他們都是眼拙的嗎？還是他們都是一伙的。

　　「你，你，你怎麼可以打人。」那個風塵女人看到有

人圍攏了過來，她更是一把鼻涕一把淚的咄咄逼人，好像她天生就是弱者一樣的，是專被欺侮的弱者，而現在她正被欺負著。

「那，那，你想怎樣！」他斷斷續續囁嚅的說著：「對……對不起妳好嗎？」

「唉唷，你打人打得那麼的厲害，那麼的嚴重，我……我可能會有內傷。」那女人又出聲吼叫著。而這似乎言下之意就是只有錢才可以解決問題了，他聽得出女人的這個言外之意。

他趕緊掏呀掏的，掏出口袋裡的那一疊千元大鈔，急急的往那個女人手上塞了過去，嘴裡還不停的說：「對不起啦，這些錢給你買藥吃好了。」然後他就低著頭急急的跑開了。他跑了一陣子之後，回頭一看，幸好沒有任何人追過來。而在這時，他才心安的放慢了腳步，可是在他的心裡，他卻感到非常的懊惱。

這可真是霉氣，他抬起腕錶看了一看，已是下午三點，下午的班是來不及上了，於是他趕緊打了一個電話到公司請半天假。接著，他就在街上漫無目標的逛呀逛的，直等到平常裡的下班時間到了，他才如往常搭著車回家，他一聲不吭的捲起袖子就去洗碗了，而這一次是不需要老婆催促的。

　　到西門町吊馬子的夢醒了，而七年之癢也被兜頭澆了一盆的冷水，他安份了好幾天；但不久，他那個玩玩的念頭又浮現了。也許吧，那是對婚後不自由的一種反抗，他要求自我解放。當那念頭燃起，他就不自覺的打了個電話給那高中時的情人，相約聚會敘舊，他是以老同學聊天的藉口邀請她的。

　　那一天，他一大早就跟他老婆說：「晚上公司有聚會，要歡送一位退休的同事。」因為他知道他老婆即使有再大的醋勁，也還不敢沒知識到公司去查有沒有人真的要退休，是否有這個聚會的。他一向紀錄很好，信用可靠，至少下班就回家了，偶而這麼一次，那是不會有人起疑心的。

　　他一下班就搭計程車到那個西餐廳，他暗自感到情緒這件事很是奇妙，自己竟然又如同那少年時等她的那般猴急與不自在了，自己好像一下子又年輕了十歲。他下了車，吹著口哨，踏大步走進餐廳。他選擇一個較為隱密而又可以很容易看到門口進出的位置坐下。他點了一杯檸檬汁慢慢的啜飲著，而在他的腦海裡也浮起在校時的種種了，他們曾在一起上課、自修或者看電影。

　　他想著：畢業以後，就沒再見過面了，也不知道她變成什麼樣子，是不是也變老？等了約莫半個鐘頭，他看到有個女人走進餐廳；她兩眼四處的張望，似乎是在找人。

他認出了她的輪廓，她還是沒有很大的變化，只是胖了一點，而這種情形似乎是當個女人所理所當然的事了。女人在婚後通常會長胖一點的，他急急的迎上前去。

「嗨，」他打著招呼：「在這裡，在這裡。」兩個人面對面的坐下。

「還是老樣子嘛，好像一點也沒變的。」他不禁讚美的說：「妳一點也不老，沒變嘛！」

「我老，老了。」她打著哈哈。那個樣子是很世故的樣子，但他隱約仍可看出她年輕時的嫵媚。她接著就問著他的生活狀況。

「過得去而已，反正吃公司的，餓不死人啦，你呢？」他說。

「一樣呀。」她得意的回答：「不過我那口子倒像牛一樣的，他是工地的監工，又忙又累的，回家還很體貼的做飯、洗碗，我現在可真是飯來張口茶來伸手享福啦。我一吃完飯，碗筷一丟的就去看我的連續劇了，廚房裡的工作也不用我管。那個八點檔的連續劇呀，你看不看呀，那真是賺人眼淚的戲碼，尤其那個媳婦，她的演出真是出神入化了，演的太好了，太賺人眼淚了。」

「沒有呀。」他感到很失望的說著。眼前這位在學校時，那麼充滿偉大的夢想、有朝氣、有理想的女孩呀，今天竟落

得左一聲「我那口子」，右一聲「連續劇」的；學生時代裡那個充滿希望，夢想成就一番事業的才女呀，也不知道到那裡去了，而且現在的她還顯得很有點話多又嘮叨的。

他們點了兩客的西餐，而當那牛排端上桌來時，他又瞧了她一眼，她是發福了一點，也許是生過小孩子的關係吧。她一邊拿起黑胡椒醬就往餐盤裡灑，同時一邊嘮叨的說著：「這牛排太老了，一看就可以知道的，我那口子最喜歡吃嫩牛排了，那種嫩牛排是最要重火候的，而且更要買上等的牛肉。火候過了頭，牛肉就變老了；而且吃的時候，最好再加上一些黑胡椒醬的，風味就更好的了。你知道我那兒子可說是吃牛排的專家，他嫌太老就吐出，嫌太嫩也不吃的，嫌汁液太紅也不吃。真是常常把他老爸惹火了，有時我那口子為了做牛排的事，還會狠狠的揍他一頓，但若是我說不好吃，我那口子竟會乖乖的再去做一份來。」

在那餐飯裡，他就只在那裡聽著她的「那口子」、「那口子」，還有就是我「那寶貝兒子」的一些雞毛蒜皮的小事，其次是他一直在努力想著，為什麼女人結婚以後會變得那麼的嘮叨，就如同自己的老婆一般。自己的老婆在婚前也是三緘其口的，話很少，可是婚後卻囉哩巴唆的了，他不知道是不是所有的女人都是如此？他儘快的把那盤牛排吃了，也把甜點吃了，然後他一口氣的就把咖啡喝光了。

　　他們草草的結束了飯局，飯後他急急的把她送走，深怕相處久了，對她的反感會更倒胃口，而對那在求學時所留下的美好印象的破壞更大。

　　他走在夜晚的星空下，想著：她的外形是沒有什麼變化，她的媚力也還在；可是她的腦袋瓜裡已經沒有以前的瀟灑了，也沒有理想沒有希望了，她已經沉淪在現實的世界裡了。而那曾使他著迷的，她的那一份瀟灑勁兒不見了。而這使他很是失望，學生時代的情人竟也落入人生的巢臼了，在為柴米油鹽和先生、兒子等的雜事煩惱著，也在為連續劇的結局而煩惱著。

　　想到這裡，他突然很原諒他的老婆了。他知道他的老婆也是人呀，也在為下一代而勞累，她雖仍有嘮叨的，但對家庭的貢獻也不小呀，比如供給子女溫飽，陪伴自己度過空虛的日子，安慰自己的失意。而這時的月亮穿過了烏雲，露出了明潔的光輝，灑在柏油路上；他急急的跳上了計程車，想著該儘快回家。

（刊 1981.12.06 中華日報）

未完成的自首

　　他掏出鑰匙打開鐵門，然後反身急速的關上；接著他上了栓子，然後再去掩上大木門緊扣著，這是防盜的設備。而這樣的舉動確實有點可笑的，但也確實是他每天都會做的保全設施。那些鎖呀、栓子呀、門呀等的東西，雖然在他心目中是沒有用的東西；但為了自家的安全略有保障起見，他還是反覆如此的做著。而且，自從他搬到這個三樓以後，他還在木門外又加設了一道鐵門，希望因此而有多一層的保障。

　　他看看手錶，僅只十點而已，然而妻子已入睡了。最近她太累了，她的身體虛弱了許多，原來她還在滿月中。她原本是那種營養不良的人，而生產對她又是很勞累，縱使睡眠加長了許多，似乎還是沒睡飽過一樣；況且，在夜裡，她又經常要起來沖奶水、換尿片的，所以她得空就會入睡一會兒的，儘量保持體力，以免垮了下去。也真虧她

了，平時裡她已是體弱多病了，而從產後到現在，他還要更加數倍的操勞，任誰都會吃不消的。

他是太委曲她了，她這個做媽的，未學一技之長，竟淪為小偷 ── 報紙上向來稱他為獨行大盜張大勇的妻子。但是小偷跟大盜又有何差別呢？還不都是害群之馬，他遭到了通緝。通緝，唉，他曲指算算自己已被通緝兩三、次了；而那也只因運氣太不好。有一次，他是被閉路電視照了像而由被害人指認出來，還有一次是留下了指紋，而另一次就不知道了。也因此，他雖想和她登記為夫妻，讓她正大光明的有個名份，但卻不敢在光天化日之下，步上戶政事務所辦理登記。

而那已是七個月以前的事了，那天晚上，當他摸黑半夜回家，阿珠的媽也在的。阿珠說：她的月信好久沒來，恐怕是懷孕了。所以她當天就去醫院化驗，果然是懷孕了。對這個突來的驚喜，他是太興奮了。他顧不得阿珠的媽在場的，竟擁抱著阿珠吻了又吻，可是那時候的阿珠呀，卻是淚流滿面，好像帶雨梨花一般。

她悠悠的說：「可惜，我們不是名正言順的夫妻。」聽了這句話，他有著滿腹的辛酸。他知道也真是虧待阿珠了，青梅竹馬的阿珠和自己在一起也有二十多個年頭了，而這已經使他們的心靈與肉體自然的結合在一起了。可是，在法律上，他們竟是不能名正言順去登記的人。想到

將來，兒子出生以後不能冠上張姓，他就黯然了。不錯的，他是可以有自己的骨肉，他是可以做爸爸的；可是在孩子的名份上，孩子就只能冠有母姓而已，而這個孩子也將是私生子的身分。這使他很洩氣，但洩氣歸洩氣的，自己不能抬起頭又怨得了誰呢？固然，自從知道阿珠有了身孕，他確實打算洗手不幹這一行，偷雞摸狗的勾當。

　　他回想和阿珠是一起出生在南部海邊的小村落上，那時他有父母親的熱心呵護。他的爸爸是討海人，除了颱風來臨，就是經年在海中捕魚；而他的媽媽則是晒海鹽，是個鹽工，就只怕下雨天了，那時他們的日子也過得很是安詳。不幸的是，在他小學四年級的時候，他爸爸的魚船遭到了海難，船上所有的人都不見蹤影了，連屍體都打撈不到。有人說：是他們觸怒了海龍王，被海龍王召回去了。也有人說：他們是流落在菲島，反正就此他的爸爸也就再也沒有回來了。

　　而在那個時候，他媽媽很傷心，終日以淚洗面，也因憂傷而影響了她一向健朗的身體；不久以後，他媽媽也生病了，家境自此一落千丈。他不得不在五年級的時候，輟學在家幫忙晒海鹽維持家計，所以大勇是連小學都沒有畢業的。他想起鹽場的生活，雖然辛勞一些，但也有許多的歡笑。那時阿珠家的鹽田和他家的鹽田是緊緊相鄰的。

　　而所謂的晒海鹽，其實就是每天引進海水以後就沒事

了。直要等到海水被蒸發而結晶變成一粒粒的晶亮粗鹽，在陽光底下耀眼的時候；他們才又要開始工作。他們要把粗海鹽收拾，裝進麻袋裡。所以，得空他也常常和阿珠一起到海灘上撈魚或者撿貝殼，他們常常比賽看誰撈的多。

小孩子嘛，總是不服輸的，所以他們兩個人都很努力的撈撿著魚貝，然後就平分著帶回家佐餐。當然啦，撈魚並一定是靠努力就會有收獲的，有時也會隨著氣候、海流、地理位置等，還有運氣在變化著。一想到運氣，他真是越來越相信的了。記得有一次，他在和平路盯上一家氣派堂皇出入有車的人家，本想海撈一筆的，因此就在那家門口偵查了近兩個月的時間，可是總是找不到機會下手。最後，還是趁著他們家的女傭買菜的時候下手。

而在大白天裡，這也是太冒險了；只是他已經盯了兩個月的時間，還沒有找到機會下手，在他心裡這是老大不高興的事。所以他也就不管那女傭買菜的往返時間通常只有二十分鐘而已，他竟狗急跳牆的撬開門進到屋子裡去，屋子裡果然裝潢得很堂皇，而傢俱也一如所料的都是高級傢俱、也有高級的沙發，地上還鋪了地毯。

可惜，雖然他翻箱倒櫃的東找西找，而時間也很快的就是二十分鐘過去了。他眼看那女傭就要回來了，而他也不過才翻出一千來元而已。他著實非常的不甘心，仍想再努力的找，卻在此時，他竟聽到開門的聲音。他心裡一驚

的，就飛奔而從圍牆上往下跳了。也真是舛運的，他竟把那撈來的一千多元也抖落到水溝中了；而更不幸的是，他竟不小心的踩到大石頭，把足踝也扭傷了。

那次足踝的傷，讓他足足的跛了半個月之久。他 ── 大勇心裡暗自嘲笑著自己，花了兩個月的偵查時間竟一無所獲，這簡直是蝕本的生意嘛！那是道上朋友說的，偷不到值錢的東西也要順手牽羊拿個什麼東西或抓個什麼破鞋的也是好，就是不能空手而回，否則就會倒大楣的。而今他竟連破鞋子也沒有抓到，卻連偷來的一千多元也落到水溝裡去了，這簡直是當場就霉氣了。

那時阿珠家的情況也不好，她們也要終日勞累才能勉強溫飽，而阿珠雖然終日勞累，在海風鹽味的吹拂下，並沒有養成她健壯的身體，而且因為長期的營養不良，她竟體弱多病，而使得大勇常想幫她的忙。

記得有一次捉魚時，阿珠被螃蟹夾住了手，她被嚇得臉色發青的連叫都叫不出來。後來，雖然是大勇幫她把螃蟹踩死了，她還是雙腳發軟。那一天，就是阿勇揹她回家的。

想到那次阿珠的手指被螃蟹夾到，他就心痛了。在那個時候，她是那麼的瘦瘦乾乾的，手指竟被夾得發青腫脹了起來；而且隔天還腫得有一、二個大拇指頭般大，但在那時的同甘共苦，於今回憶起來，也還是一種溫馨樂趣。

　　還有一次，同村的阿海仔在狠狠的推了她一下之後，阿珠竟當場昏倒在沙灘上。其實那次的衝突，起因也只不過是為了搶一個大蛤蜊而已。而那個大蛤蜊是阿珠先發現的，她興奮的叫著：「我發現了一個大蛤蜊。」

　　但當她正要俯身去揀的時候，阿海一個箭步，伸手也想把大蛤蜊揀走；但是阿珠還是捷足先登的抓在手裡了，只是阿海仔一火大就把阿珠推倒了，阿珠手上的大蛤蜊也掉回海裡去了。後來他們兩個人就起了爭執，阿海仔當場狠狠的揮了一拳，就把阿珠打暈了。張大勇聽到他們的爭執，急急的奔過去想保護阿珠。但是，那時已經來不及了，阿珠已經昏了過去。而那時的大勇就憤怒得像一頭的猛獅，也不管阿海是高過他兩個頭高的人，他掄起拳頭就揮了過去，而把阿海打得鼻血流不止的。後來，他們兩個人就在沙灘上打過來、打過去的，兩個人都是鼻青臉腫，最後兩個人的手腳也都發麻軟弱無力才被木頭架開了。

　　那一次的爭執，對他們兩個人來說，那是任誰也沒有佔到便宜的。而僅有的只是大勇趁木頭在勸架的時候，還狠狠的在阿海仔的手臂上咬了一口。而從這一次的爭吵以後，大勇是恨死阿海仔了。他總認為阿海仔仗著人高大就欺負別人，而且專門欺侮女人。不久，阿海北上了，也就不知道他是在幹什麼的了，只聽說阿海仔後來好像去幹警察了，就是那種專門抓壞人的人。他曾經想過，萬一有那

麼的一天，不幸的很，他在警察局裡和阿海碰了頭，那才真尷尬。

大勇他不是不想金盆洗手的，他不想幹這種偷雞摸狗的事，已經很久了。本來嘛，當小偷也是見不得人的事，又有誰願意當呢？當小偷，其實當初也是為了阿珠病重沒有錢醫，他才鋌而走險的；而後來，則是因為找不到工作，過活都難，所以他就下海當小偷了，而這也是沒有辦法的呀。

可是，現在的他有了自己的兒子，他又怎能再幹那種勾當呢，第一次幹那種勾當，當時他還真是又驚又喜的。他驚的是，怕被捕被發現的；而喜的是，終於偷到手了，而且還很豐厚的哪。不但阿珠的醫藥費有了著落，而且還有得剩的；想想阿珠和自己青梅竹馬相處那麼多年了，阿珠的生病，那簡直比自己生病還讓他痛楚的。而那時的他就簡直希望生病的是自己，而不是阿珠。

他記得那一次，他是在三更半夜裡行動的，他到了鄰村大地主家去偷東西。也是活該啦，誰叫那大地主平時待人苛刻、工資又菲薄、工作又繁重，而且那大地主還辯說他不是開救濟院的。就因為他的工作時間長、點心也不好，甚至連個香菸、檳榔的都沒有，所以很多人都是做過一次就不再去了。甚至於有一次，那大地主曾對工人吼著說：嫌招待不好、嫌工錢少、那就不要來呀！但是想歸想的，

肚皮仍要填飽，所以還是有些人無可奈何的去他家工作。

因此村裡的人常常自我陶侃著，這也是命呀。誰叫他那麼的有錢，而自己又那麼的沒錢，真是活該！但也有很多人，雖受僱為他做事的，而卻仍是每日禱告詛咒著他早死早投胎的。

時鐘叮噹了十一下。要是在以前，他自己剛上台北時，這時才剛要出門上班哩。不錯，在夜裡十一點上班，就是看準那目標裡的人家已入睡了。

而如果熄燈以後，雖然那家裡還有人在家，但這是沒有關係的，只要他上得了樓，從窗口送上一支蚊香，包准他們睡得更為香甜的，天塌下來也不會醒，連打雷都聽不到的，而且絕對不會做噩夢！

送上一根蚊香，這就可以讓自己有充分的時間，恣意的翻箱倒櫃尋寶了。而所謂的尋寶，其實就是在和屋主玩鬥智的遊戲；客官呀，可別認為金銀財寶都是鎖在保險箱或櫃子裡的，如果那麼認為的話，那就是錯得太離譜了。

記得有一次，他去偷一個有好幾台冷暖氣機的公館，他找來找去的，就是找不到任何值錢的東西。而當時他自己簡直氣炸了，真想把那兩條豬抓起來揍一頓的，所幸後來自己尚不至於那樣的驢，並沒有真把那家的主人揍一頓。後來他自己仍是按住了衝動，又仔細的東翻西翻的，竟讓他在馬桶水箱蓋底下找到了用塑膠袋包好的五千元美

金，而這可真是他最得意的一次了。

在那一天，他得意的連擺在眼前廚櫃裡的洋酒也不要了。要是按照以往的慣例，若是洋酒已開過了，他準要品嘗一下的，如果是未開封，那他就順手牽羊的帶走了。但是這一次，他樂得連洋酒也看不上眼了。

那時他的膽子小，作案的次數也少，所以能進門，常常除了現金、首飾以外，連高級洋酒、洋菸都要。每次偷完，他總是大包小包的，所以反而是出門難！哪像現在越來越高級的，專要現鈔，所以可以輕鬆的離開，不需要提著大包小包。

他一出門，就呼叫著：「車子 ── 。」然後上了車，然後他回頭跟那被偷竊的那家公館道了一聲再見。然後他就在城裡兜了好幾圈，同時也換了不同的好幾部計程車，最後才又回到他的住家附近，而這樣的他就滿載而歸了。

阿珠睡得很熟，他的開門聲並沒有吵醒了她。他看著阿珠那蓬鬆的頭髮，還真有點懶散的。接著他想起了小孩，啊，對啦，還沒有幫小孩子取名哪！阿珠的媽說，名子會關係到小孩子的一生榮辱，名子取得好取得適當，小孩子甚至會長得快，長得健康一些，也會更聰明、更富貴。

阿珠的媽說：她這次回鄉下，一定要把孫子的生辰拿給算命的阿土伯去看，取個好名子。唉，阿珠的媽也真可憐，年紀輕輕就守寡了，她是那麼千辛萬苦的才把阿珠扶

養長大的；而她就這麼的一個女兒啊，而她女兒卻得和一無所長的自己同居著。現在的阿珠是老了，她媽媽當然更老了，大勇想著自己不扶養她的媽媽，還有誰會扶養她呢？道上朋友曾嗤之以鼻的說，那又何必？

　　但是大勇自己知道的，他和他們的情況不同，阿珠可是和自己青梅竹馬一起長大的呀，如果他是善良人家，早就明媒正娶了；只恨自己是偷雞摸狗的小偷，惹得自己也沒有辦法和阿珠結為正式的夫妻。而對阿珠的媽，這當然要奉養了，阿珠是和道上朋友的老情人不一樣的。他們的老情人，大多是在私娼館或酒吧間裡用錢買來的，而阿珠不一樣的，她可是和自己青梅竹馬的人。

　　小孩睡得很香甜，小小的嘴巴微微癟著，露出了一份滿足與喜悅。大勇想著，當小孩真好，可以無憂無慮又是多麼的純真與無邪呀。可不像自己犯案累累，而且還被通緝兩次了，如果被抓到，那是非去坐牢不可的了。固然自己現在的東躲西藏見不到天日也不是辦法，所以午夜夢迴，還真想到警察局自首，把這段竊案了結了。

　　看著兒子睡覺，有時也是一大享受，看他那種無憂無慮撇著小嘴巴露著滿足與喜悅的樣子，連自己都會感染到沒有一點兒的塵思與憂愁。

　　大勇不自覺的用食指輕拂著兒子的臉頰；而兒子也像知道自己正享受到父愛的撫拂，他那乖巧的小嘴巴撇得小

小的，笑意更濃更甜了。他每次看到小孩子這種濃純的笑意，常衝動得想把他永遠的抱在懷裡；但是就因為怕吵醒他，所以每次又都把這個衝動按捺下去了。

大勇最近常有這麼的一個念頭，他想著再好好的偷一次、撈一把，而後就把錢通通給阿珠，供其生活和扶養她的媽媽和兒子，然後自己去自首，等出獄後再從新做人。而這種想法還真有點像染黑的人還想再染一次，才甘心漂白。

最近，他已打探到一個大廈，那裡出入的車輛都是賓士車，想來富貴人家一定不少，油水也會不少的。而在那樓下，雖有管理員看守著，但在晚上十一點就關門了，似乎警衛很是森嚴；但若從旁邊的二樓爬上去，然後再進到大廈，那倒是很容易的事情，一如反掌一般的。

想到那個大廈的管理員，他在心裡倒真有點發麻的，就只那麼一個照面，大勇就感到很面熟的，好像曾經在哪兒見過面，可是他想了好久還是想不起來。

大勇才剛上床睡覺，就被兒子「哇哇哇」的吵醒了；他趿著拖鞋把兒子抱在懷裡。他一手輕拍著兒子，另一手托著兒子搖著搖的說：「乖，乖，兒子呀，是不是肚子餓啦，我來沖沖奶哦。」這時阿珠也睜開了眼，迷糊的爬起來，曲指一算就說：「你回來了，哦，兒子哭了，十、十一、十二，已經過三個鐘頭了，兒子餓了，我去沖奶。」

阿珠把牛奶沖好，當下就呼叫著：「我來了。」大勇很體貼的說：「我來，我來一樣的，你再去睡吧。」

阿珠順從的上床睡覺了，她原本就體弱多病的，而懷孕和生產的勞累更使她消瘦了不少，精神也更為不濟了。有一次，阿珠說要去沖奶的，她卻竟迷糊得連開水都沒有裝入奶瓶裡，就搖晃著空奶瓶往兒子的嘴裡送了。這也真是勞累她了，每隔三、四個鐘頭的，她就要餵奶一次，而這麼一來，她哪能養足體力與精神呢。大勇一想到阿珠的勞累，他就心痛著，他心痛著自己沒法給她更好的生活。

他記得小時，雖然生活在苦難中，但是他們兩個人卻是有什麼好吃的東西就朋分享用的；有時想吃什麼新鮮的東西而要不到，甚至會扮家家酒的就這麼叫著說，給什麼的，吃什麼的，而且還自己在嘴裡裝著「吧噠吧噠」的吃著。那時的他們都盼望自己長大以後能過著更好的生活，唉，可惜到了現在，還是一樣的，雖然吃的、穿的比以前好一些了，但在心理上還是相當的不滿足，就像虧欠了阿珠什麼似的。

大勇把兒子餵飽了，兒子依然柔順的躺在他的懷裡含著笑睡著，大人的臂彎最是舒適了，人家都說小孩子在懷裡比較容易安睡的，因為他會感受到大人的心跳，而那可真是沒錯的。大勇又想到要幹那票子事了，他計畫偷那有許多賓士車進出的那座大廈，而等他幹完了那一票，他就

要自首的，等出獄後洗面革心的好好從新做人。

　　他想著：「或者到鄉下去買塊地，種種菜呀，什麼東西的，或者也養養豬呀、雞鴨的。而阿珠也曾經說過的，他若是洗手不幹了，大家就回鄉下去養豬。」阿珠是勸過大勇好幾次了，當小偷不是好玩的事，而且也已經偷了那麼多的東西，也該收山了。阿珠說過的，她要養豬，而且一定會把豬養得肥壯。那時大勇就打趣的說：那當然啦，那些豬呀是阿「珠」的兄弟姐妹嘛。當時，還惹來阿珠嬌羞的揮著粉拳捶他。大勇想著想著，就不知不覺的睡著了。

　　當大勇還在迷糊中時，他突然聽到樓梯上有一陣的踢踏聲傳來，似有好幾個人衝了上來。大勇警覺的推開窗戶，他有一股往下跳的衝動，但當他低頭一看，那樓下正有幾部警車閃著警燈，而另外還有好幾十個持槍的警察一列的排開，等著抓他哪。他一看苗頭不對，就急忙去書桌拿出槍想拒捕，想突圍。

　　記得三年前，他曾經從這一層樓跳到另一層樓去的，然後他又是攀爬又是奔跑的，不也是逃掉了嗎？他有自信的，想再次闖過這一關。而且，在自首與被逮捕間，判刑量度絕對不一樣的。但是，這時他又聽到有一陣急迫的敲門聲，而阿珠也被吵醒了。阿珠嚇得臉色發白的，她一臉的驚恐，而兒子也哇哇的大哭了起來，那是兒子從來沒有過的號啕大哭。

　　在兒子號啕大哭的尖叫聲中，大勇急忙把兒子攬在懷中，緊緊的摟在他壯碩的懷裡。兒子似也感受到有股安全感而靜止了大哭，而這時他也感到很寬慰了。兒子那柔嫩的身子竟也給了他一股鎮定與安詳的力量，那是一種想著他的兒子可以快快長大的心理，也好吧，他嘀咕著，這是罪有應得的，就去入監服刑吧。他只希望出獄以後，能洗面革新好好的有一番好的開始，他可以好好的扶養兒子長大成人，做一個有用的人，不再整天躲警察。

　　「要不要開門呀！」阿珠顫抖著說。而大勇也看到阿珠在抖顫，但仍顫危危想要撐起身子來。

　　「該來的總要來的，夜路走多總會碰到鬼。」大勇坦蕩蕩自言自語著。大勇把兒子交給了阿珠，然後逕自的去開門了。而這時門外的人，又在吼著：「開門，開門。」

　　大勇很勇敢的走向門前，但當他伸手準備開門的時候，門外又吼著：「開門，開門。」接著他聽到物體的撞擊聲，門就被撞開了。有幾個人影閃了進來，好像有一個是大廈管理員。

　　大勇突然的想起來：那個管理員不就是阿海仔嗎？大勇瞪著兩眼想再看清楚那個人，但是已經來不及了，他「噗」的一聲就倒了下去，而那被撞開的門正好擊中了他的腦門心。對這突如其來的景況，就連那些剛衝進來的幾個人也都怔住了。

　　阿珠想喊叫，但她只張開著嘴巴，就像上次在沙灘上被阿海仔重重一擊的一樣，她就昏了過去，卻沒有叫出任何的聲音。而這時，也只有被摔在地板上的兒子驚嚇得哇哇的大哭著，好像要把他爸爸早就有自首念頭的事說出來一樣。

　　這時，木門是破碎的，而鐵門則空虛的無依的搖晃著，搖晃著。

　　　　　　　　　（刊 1981.12.26 自立晚報）

童年的偶像

　　我平生最不喜歡人多人擠的地方了，主要的原因是人多人擠的地方會變成很雜沓。對我來說，那就是一個很大的威脅了；但在今天的這個時間，我是非要忍受這種不喜歡的地方不可了。我在人群中擠上了天橋，又擠下了天橋，然後我又擠到新生戲院的門口。

　　假日的台北，似乎每個人都出籠了，他們從學校、公司、工廠或者家裡跑出來了；他們都是準備到郊外呼吸新鮮空氣或去趕一場電影，也或者是去逛百貨公司買東西的，以致於台北市內就處處是滿坑滿谷的人群了，就如同陰天的魚群在那種低氣壓下，個個探頭浮出水面呼出一個又一個的氣泡。

　　我抱著無限的盼望與期待，滿懷著再見到她的喜悅，我瀏覽著來往的人群，一步步的走向約定好的地方。昨天堂妹說，要約陳容出來見面；她說陳容也在台北上班，堂

妹也要我出來聚一聚。而這就不禁的勾起我那一段少男的
情懷了，那個每天期盼著看到她的日子。雖然那是很久以
前的事了，可是陳容的那圓圓的蘋果臉、明亮的大眼睛以
及配合得宜的鼻尖，經常洋溢著青春與朝氣的她，對我來
說都還是記憶猶新的。

　　記得高一時，我已對她的端莊俊俏的情態著迷了，我
幾乎天天披星戴月的趕早到車站，一則是趕早班車，再則
也是希望多多看看她的蹤影。如果適巧的，看到她和同學
在喁喁而談，我就打心底高興了起來；而如果看不到她的
人影，那我就很失望，在當天我都會整天不自在，甚至於
疑神疑鬼以為她生病了或者有什麼事的。

　　當時，我僅是那麼怯怯的、默默的在用我的眼神傳達
著我的情意，而這或許她也感覺到有人在注意著她，所以
她也偶而會瞟過來一、兩眼的。而當我承接到她的媚眼時，
那就如同電石相激射的，在我心中頓然迸出一朵奇妙的火
花，而讓我驟然感到整個世界是這麼的無限美好；而也在
這同時，她也會很快的嬌羞的別過頭去，而我也會心砰砰
跳的把眼光移注到別處，而這似乎在說明我們目光的相
遇，只是偶然與無意的聚集而已。其實，在我內心裡，我
是多麼盼望和她的眼神又有再一次的相會。

　　有時，很巧的，我會在街上看到她，那我就會不自覺

的遠遠的跟在她的後面，欣賞她的每一個舉手投足，就像在欣賞一件珍貴的藝術品一般，我是很專注的很仔細的在欣賞著，我想要將其形像深印在我腦海裡。一直要等到我不得不拐到另外的一條路去，那是因為我要去買醬油啦、醋啦或蔬菜啦等的，而那等差事是我媽媽交待我去辦理的，這時我才會依依不捨的拐個彎不再跟著她。

她的家是住在布莊的旁邊，那是一個沒有營業的店面，大門很少打開的，因為她們家並不做生意。她家的範圍是由這條街的店面，直要通到後面的一條街，而靠後街的地方就只是一個空地，沒有蓋房屋，那裡只是用籬笆圍起來的一片空地。

後來我才知道她父親在北部做事，聽說是公務員，而且一個月難得回家幾天的。而每當她父親回來，她們姊妹淘就會陪伴著父母去看電影；常常的，這時我也會一溜煙的溜進場內，目的只是為了能和她在同一個屋宇下呼吸，此外也是想瞭解她到底喜歡什麼片子。

後來，我鼓起勇氣寫信給她。我是一個極端內向的人，在面對與異性的交談，我是膽怯與困難的；不過，對於提筆寫字倒不會害羞。所以我一連寫了幾封信給她，我傾訴對她的仰慕，可惜一點也沒有回音。而在當時，我在心裡想著：或許是因為自己是縣級學校的學生，而她可是省級

好學校的學生，所以她才會不理睬我的，而對於這樣的一個事實，顯然的，就讓我站在她的面前時，會有點自卑的。

她的姊姊個個都是大學畢業生，當然她也會考大學的，而我呢，我不一定敢去考。何況，果真我敢考，也只是枉費報名費而已，對於那種結果那是我可以預期得到的，非名落孫山不可。我想著：既然她不願理睬我，那也就算了，天下的女孩多的是！可沒想到的，有一天，教官找上了我，我還記得他的第一句話：「你認識女中的陳容嗎？」教官頓了一下，看我沒回答，他又嘶吼著：「你爲什麼追她！」

這就怪啦，他怎麼會知道的！或者怎麼說寫個信件表達想和她做朋友就是追她的呢？但對這突來的傻話，我也只有瞠目以對，我還能說什麼呢？對她，我好像很瞭解，其實我完全懵懂的，我不知道她的個性，我也不知道她喜歡什麼東西，喜歡吃什麼！我只是想和她做朋友而已，而這又怎能用那麼俗氣的字眼說是「追」呢？

我如此呆了一會兒，最後才冒出一句答非所問的話：「她很出風頭……。」教官沒等我說完，就又是一陣的搶白：「那你以爲比她出風頭！」這一來，我更加的木納了，我不知道我該如何接腔。

最後，教官是再三的叮嚀，叫我不要再寫信給她。我

當然答應他，而且確實也不再寫信給她了。在那時，男女學生互相交往不普遍，而且是被視為破壞校譽的行為，被抓到了會受到很嚴厲的處分，而教官沒有引用這一條的規定，記我一個大過，已是很通融了，我還能敬酒不吃吃罰酒嗎？我還能故作癡狂嗎？

在高三時，我突然心血來潮的發奮用功讀書了。我打定主意參加聯考；我開始日夜苦讀，每晚伴著孤燈，每晨頌著論理、孟子、老子；當然的，這種努力也不全是為了她的緣故。但她是必會再升學，那也是對我的激勵之一；可惜，當年我落榜了，因為我的底子實在太差了，所以無法挽回落榜的命運。

後來，聽說她在大學裡很是活躍，而這種消息使我驟然間感到很心酸，畢竟我與她之間，又增加了一道學歷上的大鴻溝了，而那是跨也跨不過去的。

其後，我繼續努力的準備應考，最後終於進入了南部大學。在開學的時候，我又興沖沖的寫了封信件給她，原以為在大學裡的社交是較為公開的，更不會有教官來管這碼事，她大概不會再矜持著不回我的信。而我就那麼樣的抱著這種的盼望，寄了信給她，也等待了良久；可惜，那些信仍是有如石沉大海了無回音。

人家說，有感情才會有愛情，或許我的朝思暮想，她

尚未體會到，所以我接著又寫了幾封信，暢述我對她的愛慕，可惜她依然沒有任何的回應。她竟連回個信也沒有，而我的那份癡情因之而被飄散在南北的間隔距離裡，後來我又在忙碌的大學生活裡，就不知不覺的把她淡忘了。

而這可真是沒有想到的事，昨天堂妹提起了她，而且還說她提起過我給過她信件的事，而這至少意味著她知道我這個人的存在，所以我不禁浮起了一陣的遐思異想。

我站在廊柱旁邊，張目四望的等待著，在我的腦海裡，不時的浮起她少女時代那種圓圓的蘋果臉，以及傳神的大大眼睛。

不見她總有六、七年了吧，可不知道她現在是什麼模樣了。她有沒有什麼變化，她是否如同往日散發著青春朝氣；突然的，我熱烈盼望著她的早一點到來。可是，我沒有見到她的影子也早已有六、七年的時間；在我印象裡，她的影像確實是有一點模糊了，以至於竟然每個過往的少女，都有那麼一點點她的影子，而她們也都那麼樣的，有一點兒像她的青春與朝氣，所以我只得很仔細的端詳，對那些來往的女人，我深怕漏掉發現她的來臨。

堂妹說她要來的，可是等了老半天，還是沒見到堂妹的人影；而這確實使我心慌擔憂的，陳容是美麗的淑女，或者應該說是遠在天邊我的偶像。若果她突然的出現在我

的眼前，我還真不知道該如何與她打開話匣呢？多年來，我似乎很認識她，但迄今我還沒有和她當面講過話。如果堂妹先到來，那未嘗不是緩衝呀，可以沖淡我難以啓口的尷尬；所以在盼望陳容的出現以前，其實我反而更盼望先見到堂妹的到來。

　　想到即將面對她，面對我童年的偶像，我努力的思索著該如何啓口才不會有所失禮。我不知道是洋派一點的「嗨」一聲打招呼，還是有如同學似的直呼她的名子：「妳好，陳容。」或者含蓄的點點頭，我反覆的思考著，可是我變得沒有任何決斷力而猶豫著了，我尋不出哪個是最好的答案。

　　而當我正沉浸在左一個她，右一個她的倩影時，突然我的肩膀遭人重重的一拍，一個厚實的手掌拍得我「唉唷」大叫，同時耳邊也傳來一個沙啞的如同爆炸的「嗨」的招呼聲。我瞪起牛眼，本想狠狠的臭罵「他」一頓，可是當我一瞥那個來人時，我不禁駭退了兩步，差一點就跌倒了。面前站著的，竟是一個肥胖得見不到頸項的女人，那是少說一點也足有兩百磅的碩大身材，而且還很滑稽的留著一頭的短髮。這是什麼人呀？我怔怔的看著她，在我的腦海裡，就是從來也撈不到曾有認識過這個人的印像；可是她為什麼要跟我打招呼呢。

「妳是？」我一頭霧水，驚訝的問著。

「我是陳容呀！」對方裂出一口的大黃牙，那是一點也沒有含蓄的模樣。

我再次的瞪著她，瞪著她那長著青春痘的兩頰；但就是找不出有那一點曾是陳容少女時代的韻味。說不定她是假冒的壞女人，據說台北壞女人很多的，我不禁浮起一陣恐懼。

「我不是李安祥，我不是李安祥，妳認錯人啦！」我叫著吼著，我驚恐的衝進了人群。我把自我放逐在陌生人中，讓陌生人的浪潮把我淹沒了，我但願今天沒有來赴約，也但願我沒有今天。

「我又沒有說你是李安祥呀！」我只聽到她那沙啞的聲音，還在我背後嘟嚷著。

台北的壞女人很多，我一定是碰到了壞女人。我看著走廊上的那些石子，我真是越看它們越是不順眼的，我狠狠的一顆顆的把它們踢到柏油馬路上去，而那正好像我是在極力想要把那壞女人的影子踢掉一樣的，從我的內心裡。

（刊 1982.04.12 台灣日報）

「智慧方塊」與爛蘋果

　　他說他可以轉出六面每面同色，那一定是「亂蓋」的。他一向很會「吹大砲」的，講大話本來就是他的本性。所以對他所說的話，我都要打個折扣再打折扣的；何況這個「魔術方塊」，那是含著多麼深奧的數理智慧呀！

　　他怎麼可能那麼輕易的就轉出六面，每面都是同一的顏色呢？在初中時，他的演算幾何、代數，都拚不過我的。而這個魔術方塊，他又怎麼可能比我的功力好呢？我非要北上找他較量不可。

　　記得「魔術方塊」剛上市時，我就看上了那「智慧方塊」之名；我花了一百二十元買了一個回家玩。我在日夜不停的轉呀轉的，從那千變萬化之中才理出一個破解的方法，但也只不過是搞出一個四面的，每面都是單一顏色而已；而另外的兩面，就各差一格了，再怎麼轉來轉去的，就是轉不出任何頭緒，可以讓那兩面的每個格子變成同一的顏色。

　　後來「魔術方塊」的價格一路的下跌，由原來我買的

一個一百二十元，而變成一百元，而九十元，而六十元，而到現在只賣四十元了。商人做生意，也真像在玩「魔術方塊」一樣的千變萬化。

　　而這禁不住的勾起我以往養十姐妹、養紅蚯蚓的事來了；對那些一窩風的事，到頭來我總是吃了大虧特虧的。也是活該嘔氣的啦，哪天沒事幹的，寫個什麼屁事的信件給他，提起「魔術方塊」的事；而他竟聲稱他買了兩天就玩出六面，每面都是單一的顏色。而這是大話，我說他鐵定是「亂蓋」的，他本來就是這樣的人。

　　他說不信可來比劃較量的，這是什麼話兒，這不簡直是在下戰帖挑戰嘛！想想他以往的數學是那麼的菜，怎麼能玩好「智慧方塊」呢？「智慧方塊」應該是有「智慧」的人才能玩的玩意兒。何況是玩出六面每面都是同一的顏色，而他竟比我還多出兩面，簡直鬼才相信。

　　我在早上匆匆的搭車北上，我是非跟他拼鬥一場不可的了。我有把握一定可以贏他的，我一路上抱著不服氣和非贏不可的信心。我有意的轉著我的「魔術方塊」，有意的數著轉好了幾面，而這個舉動，馬上引來對面那兩個小孩子瞪傻了眼珠子。他們驚訝的說：「那個人轉的好快呀，一下子就轉出六面了耶！」我聽到這句讚賞的驚嘆話，就樂得簡直想要從椅子上跳起來。其實，我並沒真的轉出六面來，我只是把紅、藍二面各一格的雜色，用大拇指頭和食指去壓著而已，不仔細看還真以為我是轉出六面每面都是單一的顏色。

　　我出了車站，一想我是遠道而來的，總該帶個水果什麼的上他家，空著兩手是很不好意思的。

　　「一百塊九個，一百塊九個。」賣水果的小販倚在單車旁，對著匆忙來往的人群吆喝著。

　　那是蘋果喲，好大喲，而這種價錢和這麼大的蘋果，在這個情況之下，簡直比南部賣的還要便宜呀。我停下腳步望望那些蘋果，不自覺的盤算著，買一百塊有九個，每個也不過是十一元而已，而這不也是很好的見面禮物嗎？我靠了過去，而那裡的人群很是擁擠的，簡直可以說是摩肩擦踵，我不知道為什麼台北火車站前會有那麼多的人來往的。

　　我拿著一個蘋果檢視了一下，其外皮是光亮的，一點也沒有碰傷，我又在手心裡惦了惦，也是好重的，這蘋果一定是汁多又脆的，一定很好吃的，但對那個價錢，我還真的有點懷疑的，我追問著：「一百塊九個嗎？」我不敢相信會那麼的便宜。

　　「一百塊九個，一百塊九個！」小販又咧著牙笑了一下，重覆的說著。他並且迅速的遞出一個塑膠袋，似乎看得出來我有意購買。他雙手撐著塑膠袋口，以便我把挑選好的蘋果放進去。

　　我左挑右挑的挑了老半天。我心裡盤算著，挑蘋果的秘訣是，既要大又要重又要沒碰傷的，而那種仔細計較的狠勁兒可真像要小販虧本賣一樣。我挑了好久才裝滿了一袋，小販也很配合，並無不悅之色。我數一數的，恰好九

個，還真是巧！

　　我心想林仔可真要樂歪了，有這麼一袋的蘋果可吃，說不定他會樂得當場一口咬下去，連皮的把蘋果咬個大窟窿下肚的。記得他在校時，就時常在寢室內吃蘋果，他都是連皮吃的，而且總是那麼一副得意滿足的樣子。

　　當然啦，在那個時代，經常有蘋果吃的人或是花得起錢買蘋果吃的人，他的家裡一定非富即貴的；而「富」是自己有錢買捨得買，而「貴」是有人來送禮。我不知道他家是「富」還是「貴」。

　　我想起他的那個啃蘋果的模樣，心裡就不自覺的發噱，而那小販也衝著我咧嘴笑著。

　　我一腳踩進他家樓下的大門，我就大聲的吆喝著：「林仔，你說你會六面，我看你一定是騙人的，一定是亂蓋，我今天非要看你吹牛皮吹破了不可。」

　　「你可別瞧不起人，你以為我數學不好就不會玩呀，我告訴你，這是『魔術方塊』，不是什麼『智慧方塊』。會變魔術的人就會玩的，沒什麼了不起。」林仔從四樓探出頭來叫陣。他那種一貫的吹大牛皮的模樣，我可真是一百個不高興。我三步併兩步想直衝四樓，我急不可待的要去戳破他的牛皮；可惜，在二樓時，我沒踩穩腳步，竟絆了一跤。我把手上的蘋果「嘩」的一聲，從二樓直滾掉下去！

　　「完了，我的蘋果！」我叫著，吼著。我趕緊回頭往樓下跑，只見蘋果散了一地，我把它們一個個的攏在牆腳

下，很惋惜的檢視著它們，真是糟糕呀，一個個的蘋果都碰傷了，甚至有些蘋果還連皮都擦破掉了。

「咦，怎麼蘋果肉都是巧克力色的！」我望著那巧克力色的蘋果肉，簡直傻了眼。我不相信的再次仔細的檢視，蘋果外皮不但有新的傷痕，而且也有舊的傷痕。我突然想起來，那小販會不會趁在籃子底下紮綁塑膠帶時掉了包。他把好的蘋果變成壞的蘋果，或者他早已知道蘋果在運送途中已經壞了，否則他怎的會笑得那麼的邪門！

我奔出樓梯間，仰著頭叫著：「我不上去了，我要回家了，我才不管它是『魔術方塊』或是『智慧方塊』哪！」我急急的衝出巷口，至於那些爛蘋果嘛，我就讓它們爛在那個樓梯間了。算了吧，我已顧不得再提來提去的了，對於那些爛蘋果。

（刊 1982.06.06 台灣日報）

長髮女孩與百元鈔票

唉，昨天那兩堂課又考「茶」了，算一算自己還真是夠窩囊的啦。

我已經算過分數了，成績最多也僅能掛個及格邊緣，而如果真那樣的，對我來說就是值得謝天謝地大大慶幸的事了。而如果這個學期，哪個教授來個心狠手辣的亂「宰」一通，那我準定要補考的，搞不好還得重修、或「死當」了，怪只怪自己最近常蹺課看電影！

其實，也說不上來的，到底我真喜歡電影的那一點兒，或許就是坐在電影院裡不需要動大腦思考，也不用皺眉苦記的，而那就是一大享受了。何況，我只要用眼球隨著銀幕跳動著，就可以將一部戲或者一部小說讀完；而依此說法，電影著實是消遣的好玩意兒，只是看到天天等著換新片子，那就未免太過份了。

此外，花費那麼多的時間去看電影，不但是浪費作功課的時間，而且在經濟上也是頂吃不消的。而就這兩個禮拜來說吧，我真是太過份，太荒唐了，在全市區近十家的

電影院，我非但全逛過了，而且有的影片還看過了兩次，所以只得等著新片上映再看。

在這種六月天裡，那種豔麗清明的季節，鳳凰木已然綻放了一頭的豔紅，其間只斜插著幾片羽狀細碎碧綠的葉子而已，而那葉子的綠意正盎然的點綴在豔紅的花海中。在這種豔紅與碧綠之間，真是相得愈彰的，紅者更紅而綠者更綠了。遠望大學路上的「酸仔果」樹，那是一種其果味略帶酸，可食用的巨大喬木，而它正洋溢著一片綠意，而夏蟬也正四處的呼應叫囂著，似乎非把整個校園區裡叫成夏天不可！

我緩緩的踩著單車的踏板，而單車也緩緩的在前進；這個光復校區是不久前剛從軍方的手中接收過來的，校區內馬路的兩旁都還沒有整理好，也還沒有種上矮樹叢或者任何的花卉。在整個的校區裡，就只見到有蘋果綠葉子的芒果樹了，以及流蘇狀的木麻黃樹，它們散落在各處，在六月的豔陽下拋出了一小圈一小圈的陰涼。風不曉得死到那兒去了，害得我豆大的汗水涔涔的冒出，而這種鬼天氣也真是欺人太甚了，似乎非要曬昏人家不可，我暗罵了一聲。

我的肚子真是又餓又渴的了，而這時已該是中午時刻，也該吃飯了；可是我的口袋裡只剩下一張五十元的鈔票，而到月底還差上三天哪。雖然我早就寫信跟老爸要錢了，雖然寫了好多冠冕堂皇的理由，我述說著錢花光的事由與原因；但我自己捫心自問，月初未到的，老爸的薪水

袋也未領，哪來的錢寄來給我花用呢？

　　記得，當初放榜時，老爸就曾「嘖嘖嘖」的嘖了老半天的，還直搖著頭說：「學費怎麼辦，學費怎麼辦！」那時，他是一副的愁眉苦臉，不勝負荷的樣子。

　　我已經跑到校本部好幾次了，我到訓導處卻看不到我的掛號信通知招領公告。而這就表示我老爸還沒寄錢來！老爸也真夠「修養」有素的了，竟然一點也不著急的，直有「鎮殿媽」的架勢，說不動就是不動。

　　早上我囫圇吞了薄薄的一片麵包，那是早已消化掉了，怪不得飢腸咕嚕的直響。我緩緩的踩踏著腳踏車，盤算著中飯只能去吃校本部餐廳的伙食了，吃那種陳年在來米飯和沒有油水的炒青菜啦；我不能到勝利路去吃飯了，去吃那種有新鮮的蓬萊米飯和熱騰騰炒菜的客飯了。人家說，大丈夫要能屈能伸，我看自己也只得認了吧。

　　我在接近校門口時，突然的，我看到一位在行進中的長頭髮女孩，她有一個令人很起疑的動作，那就是她曾略為遲疑了一下，用腳在柏油馬路上踢了幾下的，而後她又若無其事的繼續她的行進。而她的那種動作，看在我的眼裡，當真是認為有點蹊蹺的！所以，當我快接近到那個位置時，我就特別留意的瞧了又瞧的。我不瞧則已，當我一瞧，竟把我興奮得差點讓我的心從口腔裡跳出來了，那真是乖乖隆叮咚的，那可不是百元券，那是什麼？

　　我一個緊急剎車，當下跳下了單車，彎個腰身左手一撈的，就把那百元鈔票手到拾來了。而當我正自樂著的時

候，猛一抬頭的，我竟看到那個剛剛在用腳踢了踢地面的長髮女生哪，她正回過頭來望著我。我趕忙把頭低下，急急的跨上腳踏車，我裝著若無其事一樣。待我越過那位女生以後，我就往勝利路直衝了過去，去吃我的客飯了。嘿，這真可說是「天無絕人之路」呀，在我正青黃不接時，竟給了我這個大好機會，撿到百元大鈔一張。而這一來，即使老爸的掛號信未到，我依舊可以天天吃客飯，而吃到月底了，而且也不用跟別人借錢了。

當時我心裡一樂的，不自覺的也就多吃了一碗白米飯，本來嘛，白米飯又不算錢，肚子可多裝幾碗就可裝幾碗，不吃白不吃的，何況我早上是少吃了一些，僅只吃了一片小麵包而已。

吃過飯，抹過嘴，我就精神百倍的向著圖書館猛衝過去了。我找到了一個空位子坐下，正想篤定的埋首在「品質管理」課本上，準備應付明天的考試。我確實太在意明天的考試了，所以我是很用心很專注的在看著書；而當我看了約莫半個鐘頭的時候，抬起頭來休息時，我忽然的一瞄，就瞄到前面有位女孩正目不轉睛的望著我。奇怪啦，我又不夠英俊的，又不是有錢人家的少爺，該不會是看上我吧。

咦，這女孩怎的有一點面善的呢？我在腦子裡轉了好幾圈，我思考著眼前的她。她既不是同系的，也不是學會裡的人，但是，對我來說，她怎麼會那麼的面善呢？

我到底在那裡見過她呢？倏然，我的靈光一閃的，那

剛剛回過頭望我的那位長髮女孩的倩影，就只那麼一下子的就浮現在我的腦海裡了。對啦，那不是曾經用腳踢了踢那張百元鈔票的女孩嗎？唉，這真是冤家路窄呀。

　　我突然感到很羞赧的，恨不得有個地洞鑽進去。她沒撿我來撿，這還真不像話，何況還把錢買了飯吃到肚子裡去了；經過這一想的，竟讓我坐立不安了起來。不消幾分鐘的時間，我真是越想越尷尬的啦；最後，我不得不訕訕然的收拾好書本，匆匆的溜出那個圖書館，我把那得來不易的「好座位」放棄了。我可以發誓，我不要再見到她了，即使她有閉花羞月之貌也不要。

　　其後的幾天裡，那百元鈔票就變成了道德的問題了，而那問題就一直的盤桓在我的心中。固然，每個人不會為了自己口袋裡的鈔票做記號寫上名子的，所以鈔票丟了就丟了，也沒有人能辨認出哪張鈔票到底是那個阿貓的還是阿狗的。也就是說，錢不容易找回失主，所以是我撿到的我就花用啦，也不是什麼大不了的事，但在我的良心上，我還是暗暗自責著：那錢，無論如何，不是我的，所以我不該擁有，也不該花用它，我應該把它送去招領。

　　當天下午，我暗自做了一個決定，掏出皮夾子，從老爸寄來的膳食費中抽出一張百元鈔票，沒頭沒腦就往訓導處跑。我一面跟教官說：「這是我撿到的，在光復校區的門口。」我一面把鈔票往桌上一放，不待教官開口，就溜出訓導處了。

　　我騎著車子上了勝利路，而夏蟬仍在叫囂著，而鳳凰

木仍是一頭的豔紅，可是對這些相同的景色，我是感到無
比的舒暢了。突然我又看到那位長髮女孩迎面走了過來，
我不自覺的挺起胸膛，用力一踩的就把單車踩快了一些迎
上去，一點也不靦腆的。

　　我得回到宿舍去 K 書了，雖然期末考剛考過，而學期
成績也還要過一、二個禮拜才會公佈的；但我心裡有數，
這學期的成績非被「宰」上幾科不可的！誰叫自己經常往
電影院跑！

　　　　　　　　　　（刊 1982.08.12 台灣日報）

寫作與我、小說與小說家的
要件及本集主題（代後記）

　　個人在初、高中時，曾廣泛的閱讀世界文學作品，又巧遇鄉土文學論戰，所以對文學理論、文學歷史與演進、哲學思想與理論等均有所狩獵；且家父喜剪報並分類，諸如小說、散文、詩、童話故事、政治、經濟、教育、社會、醫學、旅遊、科學新知、勞作、哲學、奇珍異聞等的。而有了這些的剪貼簿，就導致個人的閱讀面很廣泛。又由於我的知識面極為廣博，並非當時同齡學童所能企及的，因之初中時常被稱為「博士博」（台語，意為無所不知）；而此「博士博」的封號是與學校的功課無關的。

　　在初中時，我的在學成績都只是中等而已；惟因喜閱讀課外讀物，因之文思泉湧、下筆如有神助，所以對作文課來說，我就是數一數二的高手了。所以，每當我完成了一篇作文，下次發下來時，國文倪蔭軒老師總會講評並予朗讀一番，要同學多參考。此種的鼓勵，對我日後沈浸在

文學創作的領域裡，頗有所助益，也奠定了個人走進寫作這一條的不歸路。

寫作與我

　　個人在《笠詩刊》第二八五期〈寫作與我〉，如此的寫著：內心脆弱的我，向來容易被感動的，也是很多愁善感的，而這或許就是我走入文學創作領域的原動力之一。我因為脆弱而易受感動，有時還很自作多情的；所以對我來說，每天的生活，我總是充滿著許多讓我折服或有所感觸的見聞與體驗了。而這種每日的感動或已累積數日的感動體驗，總有一天就會有提筆的衝動，不吐不快的。

　　而當我一如春蠶靜心的沉思著，將我那心中的澎湃化成文句、辭彙時，我就會振筆疾書。我會將那些蘊藏在我心目中的思緒、感受與想法化成了一篇篇的文章，錄下我的或者他人的人生點滴。

　　我的作品氛圍，時而是喜悅的，時而是悲傷的；但總是以悲傷、憂鬱、苦悶、悽苦為主調，然後再加上一些詼諧、諷刺、戲謔與無奈的情愫。而所以如此，只因個人總是認為人生本來就是「不如意事十之八九」的現實體驗，而且悲傷與苦悶本來就是契合現實的人生，而那些詼諧、諷刺、戲謔、無奈，也是在苦中作樂，求取片刻心靈的安慰。而且陳述那些悲傷、悽苦的經歷，除可以抒解作家的心靈，讀者也較易有所感動或慰藉，而產生所謂的同理心。何況，既然人生是「不如意事十之八九」，所以用一些詼

諧、諷刺、戲謔、無奈來對待，自也有一點短暫的抒解，我想那也是很健康的作為。

或許我也會寫一些憤世嫉俗、悲天憫人的文章，而其目的無非是為了不公、不義的社會而憤怒著，為中下階層代言、體恤弱小，也為天地立命。我知道我人微言輕，但我把它寫了下來，記錄了下來，至少對我或對他人也是一種省思，一種留給後人品味反省的人生態度與記錄。

而如果因之人人能朝更美好的世界前進，進而提昇人文的素養，尊重愛與和平，那麼我們的人生將更為寫意、和平、安康、幸福。

初中時，我是跑到隔壁鄉鎮去讀的；而做為一個通學生，其最大的差別就是班車有固定的時間，又為了省車費，我們總會選搭普通列車。普通列車，一則其票價最為便宜，再則對學生的優惠也最大，所以通學生都要早早的起床，早早的搭車上學，卻又要晚晚的回家。此外，就是可以認識更多不同學校的學生，觀看更多的人群生態。

上了初中，我的父親依舊遠赴外地工作。家父自己租屋居住，自己做飯、洗衣；而平時裡，家父又喜閱讀，讀佛經、看書、看報的。

家父也喜歡剪報並歸類為文學、醫學、健康、科學新知、勞作、哲學等。而等他一本本的貼滿了，家父就帶回家來。家父的這種作法，對我閱讀能力的提升有很大的助益，也拓展了我的眼界。

在初中時，我對那一個星期兩堂的作文課是充滿期盼

的；我的期盼來自於二方面：一、作文雖是兩堂課，然當大家還在絞盡腦汁、搜刮枯腸苦思時，我早已下筆如有神助，用了一堂課的時間，即可駕輕就熟的完成了一篇有頭有尾的佳構了。二、更重要的就是在次週的作文課裡，國文倪蔭軒老師會拿著我的作文簿當場朗讀，以為同學的參考。而在學期成績展覽時，我的作文本也擺在第二本。國文老師對我說：「本來要把你的作文簿擺在最上面的，因為你寫的小楷太潦草了，實在很難看得懂你寫的毛筆字，所以才擺在第二本了。」

雖說傳統的「作文課」是命題式的、範文的仿作、是結果論式。而作者個別的差異性都被忽略掉了，每一篇的「作文」都有如量產下的成品，大同小異而已，甚至於無分軒輊的；而其結構先於內容，其結果就是早早的斷送扼殺了可能產出的驚奇與美妙感。然而寫作，則是以寫作者為本位，強調其寫作的歷程。

「寫作者」是活生生的人，有血、有肉、有感覺，寫作者的作品就是其個人的特質表徵，必然展現出其獨特性。而寫作歷程是寫作者將其真實面對的情境遭遇，包括素材的蒐集取捨、寫作問題的解決、自我修改的能力、人文素養的架構等，而這些都不是出了一個題目，最後收回來批改的傳統的「作文課」所關切的重點。

然而，雖說作文課欠缺靈魂，然對文筆的運用、文辭的修飾、理念的傳達等也或多或少有些助益。

初中時，我開始喜歡拿著筆隨意的發揮，將我的所思、

所見、所聞記錄了下來：我把許多的文字組成了句子，把許多的句子化成了篇章。而因著我的構思與陳述，所以白紙上的黑字從而有了生命的價值，而形成了一篇篇的文章。

我拿著筆恣意的書寫，對我來說，那是很迷人的事情，有時我連時間都會忘記了。我把那會凋零的花朵化為淒美的詩句；而那已快消逝的季節，就變成了我感傷的篇章源頭了。我也讓繽紛的想法在書寫的過程中，得到了適當的安排與整理，情感也得到了痛快的抒發，而那就是「寫作與我」最美麗的邂逅了。

我不知道我的文思為何會如此的泉湧快速，而其聯想力又何以會那麼的連貫而有廣度、深度的。或許，就因為我父親的剪報以及我柔軟善感的心所致吧。

寫作對我內心情感的抒發，經常是淋漓盡致的。而那種全篇一洩而下，行無止境的痛快發洩感，那是通暢又無任何的窒礙，而又如有神助的作為。而在那樣的作文課的磨練中，我是享受到了很多的光榮感。

直到後來，我才領悟到文章不能盡是要濫情，而是要有所節制的；或者說，文章要講究言簡意賅、意在言外的境界，才能更饒富趣味性，更為吸引人。因此我的文筆開始走上了行文簡練，要文不繁的境界了。當然有些作品，我為求其如行雲流水或基於諷刺、消遣的需要，反而會多費一些筆墨去暢述的，那是有意為之的，是為了營造效果起見而為的。

在寫作上，我所以能夠天馬行空、觸類旁通、素材源

源不絕的泉湧而出，我想那最應歸功於我父親的那些剪報了，以及每年的寒暑假，我從北港初中圖書館借閱出來的世界文學名著了。

我從各國的世界文學名著裡，除了可以學習到優美的詞句與文藻以外，對其題材的豐富多樣性、熱愛生命、堅韌的意志力、百折不撓的奮鬥精神、父子情兄弟情、甚或纏綿悱惻的愛情故事等，我均能深深為其所吸引。而這事實上，也是一種廣泛性的閱讀，汲取人類歷史所遺留的優良人文結晶。而從其中，我也可以學習到人性優良的、正面的、積極性的品德，而此也合乎人文素養的培育養成，足可提昇個人的人文素養與內涵。

文學作品讀多了，總有模仿的慾望產生的；我開始了「東施效顰」的模仿，我不斷的寫，寫自己的所見所聞、所思所感，也多方參考別人的文章。有些人常說文章不要模仿，其實那是當你已達到某種程度以後，自然要開創屬於自己的天地而不再拾人牙慧；但在連造句都不會時，你不模仿，你又能作什麼？

我寫好以後就謄寫在簿本上；然後把那個『作品』擺了下來，就當沒有發生過一樣。當然，有時想到『作品』裡有錯字、別字或文義表達不夠周圓的地方，我依然會拿出來訂正的。然後，等我又長大了一些，也許是一年半載的，我又將那些『作品』重新的審視訂正了；並將那些模仿性去除掉，而型塑出屬於自己的運筆與文章的風格。

當然啦，依照我的個性，我是很喜歡求新求變的人，

也因之我的文體並不固定，題材也不固定，而所用的文學樣式也不固定；所以我對各類的文學樣式與不同的主題，我均願意去開拓發展。

我寫的東西，以內心的感受來說，我是在寫開心、喜樂、感動、悲傷與憂鬱、流浪與瘋狂的心情，也寫出自己天馬行空的幻想與慾望。我只要有寫的衝動就會提筆去寫；甚至於半夜裡也會醒來寫上幾個字，以提醒自己當時想到的，因為我有了那幾個字，次日我才能回想起自己到底想到了什麼的，想寫什麼呢？

人家都說寫日記是訓練寫作最好的方法之一；但是，在我這一輩子裡，事實上我寫日記的日子並不長久。但我對詩歌、散文、小說、兒童文學、賞析評論等的文章，我樣樣都願意去嘗試，並也已寫下了許多的作品。

高中時，我的那些言而無物、無病呻吟、崇尚華麗文藻的作文，就不再受到讚賞了；高中國文老師對我的評語是：「詞藻固為華麗，然空洞無一物。」

而這評語對我來說，那真是暮鼓晨鐘、一針見血的戳破了我向來的自豪感。而那位國文老師當時也朗讀了他自己的一篇作品，其所用的文詞簡易，段落順暢，通篇平易近人。這時，我才猛然領悟到「寫作」的要領，並不在於運用華麗詞藻的填塞、堆砌，也不是嘩眾取寵、語不驚人死不休，而是得用心的體會意境，言而有物。

要有所謂的「不經一番用心苦，焉能寫出好文章」的勵志。所以，我開始化華麗的外表、空洞無一物的景況，

轉而追求內心裡的清淡平實性，也就是要用自己的語言、自己的想法、自己的認知，坦然真誠的組織、整理題材，而使它成為心靈的良藥，發抒撫慰自我的憂鬱與傷悲。

高中國文老師的針砭，讓我猛然的驚醒，在我那個年紀裡，我所寫的作文早已欠缺了孩提時的那份純真的情感，及毫不矯飾的表達勇氣。所以我也慢慢的領悟到，寫作需要以細膩的感情、豐富的感受，用心感受周遭的世界，用愛關懷人事物。所以，一個真正擅長寫作的人，總要能看得見生活周遭裡與眾不同的一面；於是我試著用心去感受，去感受到愛的一切。

果然，經由如此的細加體會、仔細的觀察，一切都變得很特別了，就連一顆毫不起眼的小石頭，自也有它獨一無二之處。爾後，我就記下那些在平凡的生活裡，變得很特別的過程與事物，我經常感受到的愛並熱愛生命。我用文字捕捉住每一個美好的畫面；就算題材再平淡無奇，經細心的觀察、深入的體驗與描繪，每每都會有值得讚美、書寫的地方了，而且也與他人的作品有所區隔了。筆如同鋤頭，而紙張就是農田了，只要用心的耕耘，細心的呵護、灌溉與照料，必能耕耘出一篇篇膾炙人口的好文章。

而在這之後，也開拓了我寫作的另一條途徑了。其實，歷來文學史也告訴我們，所謂的文學常是宮廷與市井、豔麗與平實在互相傾軋著的；有時是前者站上風，有時是後者為霸主。但是不管是宮廷或市井、豔麗或平實，經過深入的觀察、挖掘其真意，發揚人文思想，真實坦誠，那都

是最重要的元素。所以對我的寫作能力的提昇來說，高中
國文老師是一針見血的針砭我的缺陷；而初中的國文老
師，則是鼓勵與激發我寫作的熱情，二者對我同具莫大的
助力。

　　有人說：喜歡動筆寫文章的人，其人口只有百分之一
而已，我很欣慰我是其中之一。我因為熱愛寫作，所以知
道自己有很多的不足，而會去涉獵更廣泛的知識與常識，
不管是文學、藝術、哲學、社會、健康與運動等。其實，
很多的文學作品都是曲致引人入勝、餘韻繞樑不歇的，而
在欣賞閱讀的過程當中，我對其作品境界的變化、頓悟、
突破、博大，甚至驚喜、泉湧般喜悅等，都是我所追求的；
而那種意境也是寫作者所應戮力追求的。

　　我因熱愛寫作，所以更能夠關心身邊的人事物，而產
生對人事物的熱情與敏感性，並因之而擷取為題材。我也
因熱愛寫作，所以很清楚應該珍惜自己的生命，常常走入
野外，傾聽山川風雨、蟲禽魚獸的聲音；也必須走入市井
小巷裡，去感知中下階層的喜怒哀樂；也去感恩造物者的
神奇與慈愛，讓自己日日有所體悟與成長。而也隨著年齡
的增長，我寫作的深度與廣度也和年少輕狂時有所不同
了，特別是我覺得更該多對親人、對國家、對社會、甚至
於對整個人類、對大自然的環境，對萬物生命的美好，要
有一份責任感與關心、關愛。

　　寫作對我，那並不是封閉自我心靈的活動，而是要我
敞開心胸去接納多樣性的人生與多樣性的作為，並從其中

尋找出最適宜的人生、最適宜的大自然的作為。寫作也不光是挑燈夜戰、埋首案前，戮力急書的景象，而是要讓自己敞開心靈接受中、下階層的愛恨情仇，體恤弱小者的生命權利，不管是人類的或其他的生命體。

　　我知道我沒有任意秉筆直書、隨寫胸臆就能創造出千古流芳、永垂不朽的偉大文學作品；但我卻能藉由寫作，將自己的見聞與感觸記錄了下來，而那是在記錄我的人生，在記錄我這一代的喜怒哀樂。而後，在我的作品裡，我對土地、人文、生活與存在的關懷，這四種質素就變成了我寫作時不可或缺的；此外，寫作者還要秉持良知與獨立的自主精神，以及要有一個美麗的夢想可供追尋，以砥礪人生，好好的生存下去。

　　而在創作的過程上，我也要冷靜而理性，謙遜而踏實的描繪所處紅塵的諸樣貌，而那才是有血有肉的真實世界。而我也要親吻我的土地、體恤友善同胞、真誠的熱愛社會，而種種這些也都是感人的文學主題，值得去開發書寫的。自生活與現實面出發，才可以反映出悲憫苦難的生命情懷，再透過文學嚴肅的形式去表達發揮，深入探測眾多的心靈，感動眾多的生命；讓寫作者書寫我們的土地與人民，扎根於現實的泥土，擁抱廣大的群眾並與之共同呼吸、共同悲喜，而這種作品才稱得上是有血肉、有感動、有靈魂的作品。

　　在我的那個時代裡，升學並不是頂重要的事；其實，如果我在初中或高中畢業後就能找到工作的話，那我是不

會再去升學的；也或者說，頂多只會半工半讀而已。所以我上了初中、高中時，有相當長的一段時間，我是沉迷在白紙黑字的世界裡；我藉由一個字、一組的詞、一段話、一篇文章和一本書，而去品嘗或沉醉在文字後面的情思、見解、理論與想法。而這才讓我猛然的發覺，原來另外還有一個有異於我親眼目識可見的世界，同樣的存在著一個龐大廣博的世界，等著我去理解、探索。而那是一些珍貴的經驗、美好的智慧和具有穿透時空的能耐。

在寫作的過程中，一般都是充滿酸甜苦辣的，是有「如人飲水冷暖自知」的孤單與悲悽。其個中滋味只有親自走過的人才能理解的，而大部分的人從中品嘗到的不盡然是甜美的果實，也正因為有這樣的衝擊和不順遂，所以我才能夠更加的努力、更為珍惜我的寫作經驗。

我在高一時，亦即在 1961 年即在《自由青年》發表了第一首的處女詩作〈懷〉，並且自此即相繼的從事詩、散文、小說、評論等的創作；並且也累積了不少的篇章。

小　說

小說是文學的樣式之一，描寫主角（人物、動植物或其他）的故事，亦是塑造各種多樣性主角的性格、形象的故事；但亦有例外情形。此外，小說也是擁有完整的布局、發展及主題的文學作品。小說的體系異常的龐雜，可按照各種分類再行細分如下：

一、按篇幅：可分微型、短、中、長篇等小說。

　　二、按題材：可分武俠、推理、歷史、言情、科幻、奇幻、探險、恐怖、艷情、諷刺、神怪、筆記、電影、架空歷史、網遊、輕小說、軍事、低俗等小說。

　　三、按寫作手法：分第一、第二、第三人稱、書信體、日記體、意識流、類自傳體等小說。

　　四、按流派：分古典主義、現實主義、浪漫主義、形式主義、表現主義、存在主義、意識流、黑色幽默、新小說派、魔幻現實主義等小說。

　　惟不管如何的分類，除了某些的例外，基本上稱為小說者，均應有小說的元素存在。而其小說的元素，依序說明如下：

　　一、**主題**（theme）：小說均應有主題，沒有主題就不知道是為何而寫了，那麼就不用浪費筆墨、時間與精力了；而且主題應該要有積極而正面性的思考，要在為這個世界的更美好而寫，要在為撫慰人心而寫，更要具有人文素養的內涵，啟迪提昇人文素養。有些現代主義的小說，以挖掘人性的醜陋為主題，其目的也無非是要人看清楚人的真實面目，並非鼓勵仿傚那些醜陋行為。

　　二、**角色**（character）：指主角，可有一個或多個，亦可分為主角與配角，而小說敘述的就是這個主角所發生的事件，不管這個主角是人物或動物或其他的虛幻事物。

　　三、**情節**（plot）：指事件的發展過程，當然在事件的發展敘述上，並不一定非要順著時間而依序的處理，亦可以倒逆方式的回溯處理或間雜現在、過去及未來的時間

而處理。

四、衝突（conflict）：指事件、情感或作爲的起伏變化、演進，而小說中如有衝突或懸疑、思考、判斷、下決心等，對讀者均將較有吸引力及故事性的張力，亦即如有高潮迭起的情節，將更引人入勝，扣人心弦，欲罷不能，愛不釋卷。

五、對話（dialogue）：就對話來說，並不一定非要有對話不可的，亦即有的小說就只有冥想而已。惟如有對話，那麼對各人的對話，均應賦予特色；也就是說，要讓讀者可以從對話的使用，就可區分是某人的用語或某人的出場了。人常因其國別、地區別、民族別等的不同，以致於其母語會有所不同；而即使其母語是相同的，但因每個人的個性、語言的表達方式、對辭彙的運用與理解，不同的接受對象、所期待表達的效果、時空性、口頭語等的不同，所以其使用的語言、辭彙亦會有所不同。小說即係「人物、動植物或其他的故事」，那麼小說中人物的對話是不是要具有鮮明的個性；每個人物的說話是不是要有其獨特的語言風格，就常是衡量寫作小說水準的一個重要標準了。所以，運用對小說人物的日常語言、聲音等的描述，亦可強化人物的差異性。

六、觀點（point of view）：指人物或主角、配角等，對人、事、物的看法與思想。

七、場景（scene）：指事件發生的現場狀況。

八、背景（setting）：則指人、事、物現狀產生的前

身，亦即其產生的緣由所在。

九、架構（structure）：指人事物、於時間進行中的推移，亦即主角的出現、事件的進行安排，起承轉合的運用等。只是在各元素間的重視程度，有些可以忽略，或有輕重之別的而已。

與其他的文學樣式比較，小說的容量較大，所以它可以細緻的展現出人物的性格和人物的命運，亦可以表現出其錯綜複雜的矛盾衝突性，同時還可以鉅細靡遺的描述人物所處的社會生活環境，而為當代的歷史留下見證或記錄。而這也就是寫作小說的優勢了，小說可以提供整體、廣闊性社會生活的表達以及當代的各種鮮明歷史足跡。

此外，小說經常是三分真實而七分虛構的；除了傳記、武俠、科幻、奇幻、恐怖、諷刺、神怪等的小說，或許其真實性的比例會高一點或更低一點而已；此外，亦有其虛構成份更大者，則直如「看到一個影子生一個囝仔」的那樣的捕風捉影、虛幻了。

而從一般的小說來看，那種「三分真實性」，已足可讓讀者入情入理的認定有人就會是如此的，所以該小說並不是脫離了真實的世界，或者可說已具有人性化或真實性了。而小說另外的「七分虛構」，則或因情節進展的需要、或因強化主角性格的需要、或因場景、背景、架構緊湊的需要、而藉用了許多人的經歷、作為，而匯集於一個人的身上、一個事件的身上，而讓悲慘的小說更具悲慘的情節，而愉快的小說更為愉快，溫馨的小說更為溫馨；亦即為求

其緊湊性，總要有些剪裁、濃縮、綜合與整理。也就是，所謂的小說，大致上是無法在真實的世界裡，找到完全相吻合的這號角色；但是你把小說裡的那些事件加以切割了，你又可以很輕易的在現實世界中發現某部分是像某個人，而另外的一部分又像另一個人了。

小說家的要件

作者於《文學台灣》發表的《葉石濤與音樂素養 —— 葉石濤前輩逝世紀念文》，曾敘述：葉石濤認為文學素養的養成就是要打開心靈的視窗，多讀一些世界文學名著及本土作家的作品，而從閱讀中汲取世界文豪對人生的禮讚、對大自然與所有生物環境的關懷，對中、下階層的體恤等；也應汲取本土作家對這塊土地及人民的關懷與愛心，而與作家共同體會經驗、感受與感動，此亦為人文素養的培養要件了。

尤其人在年輕時，心靈像一張的白紙，更易受到感動；而趁著年輕時，有感情、有衝勁、有希望、有夢想時，早早的體會文人筆下的人物，感受作品中的勇敢、奮鬥、關懷與愛的主題，相信對他將來的人生體驗會有很多的助力與益處。

葉石濤又說，多讀書以後，如對寫作有興趣，則不妨多寫，將被觸動的心靈感受以心觀察，以筆書寫；並多體會人生，用生活、用愛與關懷看世界、看人生、看他人。

而如果「不幸」成為作家，那麼能不能成名或立足於

文壇，就不用太在意的了；因為成功與否有時只是際遇的問題而已，並非單憑個人的才華與奮鬥，就可以一蹴而幾的。

何況一時未能成名，並不代表他就欠缺了豐厚的文學內涵，沒有生命力，沒有慈悲性、沒有關懷與人文的素養，其實有時只是沒有被發覺罷了。再就諾貝爾文學獎來看，其中有多少人是死後幾十年或已至耆耋之年的，才獲得此項的殊榮。所以如果不幸有志為文，那麼就從創作上汲取自我的滿足吧，言所當言、行所當行，無欲無求，而只要多讀多寫就好了。

所以要成為一位作家，最主要的就是要有生活的體驗，要多讀多狩獵世界文學名著與本土文學。文學路很寬廣的，不要畫地自限，持之有恆或許有天會發現真的是一夕成名哪！

文學的作品，除應內具人文思想，外在架構也應有音樂的素養，尤其對詩歌類的作品為然。以小說類來說，小說家具有音樂素養，而將之運用於小說的創作上，自有相當大的助益。而其助益，簡單的來說，可分為二方面：其一、是運用對小說人物的日常語言、聲音等的描述，可強化人物的差異性。其二、是通篇小說情節的安排，要注意到仰揚頓挫的使用，要有高潮迭起之架勢，才會引人入勝、扣人心弦。也就是說，小說家運用對人物的日常語言、聲音的描述、喜愛的音樂、愛唱的音樂等，也是反應人物個性的輔助描述，可藉此以強化讀者對該人物在個性上、心

理狀態與行為上的瞭解，而其場景的音樂、場景裡的聲響，亦可營造出所需要的氣氛。此外，在不同的時空裡，由於人物在情緒上的變化，其語言、聲音亦會有所差異，對音樂的好惡也會有所改變，而將其一併的表達出來，對小說情節的演進亦會有所幫助，自可增強其氣氛與氣勢。而且，除了特殊角色或特殊情節的描述以外，創作時應考慮到音韻，考慮到仰揚頓挫性，自會加強小說創作的可讀性；亦即陰柔的小說要多使用一些輕聲的、一、二聲的字辭，而對剛強的、戰鬥的場景，那就要挑選三、四聲的字辭好了。

　　再就通篇的小說來看，其情節有者波濤洶湧、有者高潮迭起、有者平順自然，而其銜接、變換、貫串、佈局，也與樂曲的創作原理相通的。

　　葉石濤的一生，均在積極的從事短篇小說的創作和文學評論。而其對小說創作功力的提昇，他認為作家應多研讀哲學，因為哲學為基本的學問，一切學問之母；其次應多聆賞音樂，甚至於習琴、習樂的，而使自己更有音樂的素養。

　　葉石濤說：小說的音樂性和結構有關係，也和文字的優不優美有關係。但是，小說有無音樂性和作者有無音樂天份並無關係。有的小說比較具有音樂性，譬如普魯斯特的《追憶似水年華》，它把時間和空間截住了，而呈現出時間之流和空間的變化。其他還有羅布・格利葉，法國的反小說、新小說，在那種荒謬小說裡，都有一種很奇怪的音樂性存在著。所謂奇怪的音樂性就是不諧和性，其場景

和人物脫離了關係，而世界是荒謬的存在。並在那種荒謬之中，而存有一種微妙的音樂性，就像德布西、佛瑞的音樂一樣。羅曼羅蘭原來就是音樂家了，他寫的《約翰克利斯朵夫》的模特兒就是貝多芬，所以他在寫作時或許就會不知不覺的聯想到貝多芬的音樂，因此在其筆下就有貝多芬雄壯音樂的韻味了，就像流水一般的貫穿在小說裡。

基本上，有好的音樂素養，對其作品就比較會有音樂性的韻味呈現，所以音樂素養對作者是非常有幫助的。而音感的表現就像小說一樣，以對音感的描寫來說，張愛玲是很厲害的。所謂感官的描寫，是指作者眼睛所看到的、耳朵所聽到的、鼻子所嗅到的，都要一起的描寫出來。

而當描寫一個人時，因為還沒看到那個人，或許就會先聽到他的聲音了，所以就要先描寫那個人的聲音；等到那個人來了，看得到那個人的樣子了，則寫他的面貌與表情，這就是視覺性的描述。此外，還該描寫對其聲音的感覺了，也就是他講話的聲音是如何的啦？是急躁、粗獷、堅定、溫婉、大小聲或嗲聲嗲氣等的啦。然後再寫鼻子的嗅覺所聞得到的，比如說：女性有無女性的體香等的，也要一併的傳達給讀者去品味。所以描寫人物時，對感官上的感覺需要，也要一併的描寫出來。總之，音樂、美術等，都和文學有關聯性，有其共通性與互補性。

在台灣的作家們，其作品多少都會有音樂性。文章不應像流水那般的平平順順的，而應有感情的起伏、人物的變化。然而，要成為真正的作家，其第一個要件並非音樂素養，

而是哲學素養。

　　要當一個偉大的小說家，那就要多讀哲學書籍，不只是那些唯心論的哲學而已，連馬克斯、恩格斯等很多的左派哲學思想也要讀。一個人若沒有讀過盧卡奇（1885～1971）的左派文學理論，他就不能瞭解到整個世界文學的指向了。所以作家的基本學問就是哲學了，而其他的，如音樂、美術、文化等也要多多的狩獵；也就是說作家的素養要多面性，那麼其創作領域才會更廣闊；作家的素養越是多面性、全方位，其作品的內涵才會越豐富、廣泛、多元化，而且更能精準的掌握住主題，作品也才更具有豐富性與多姿多彩性。

本集導讀

　　〈愛國獎券的風波〉：愛國獎券的發行與風靡，有其時代背景與意義。而在某些職場上，辦公室裡的生態是多樣性的，而人性更是良莠不齊的。雖說公司有共同的公司目標，也比較會有一致性的公司文化存在，所以其成員從各方面來看，均應比較有一致性的，而其差異性也應較為小；然而在大千世界裡，本來就是「一樣米養百樣人家」，相互間還是會有許多的差異，尤其是在個性、修養、智慧、善惡本質的心態上，差異更為大。

　　本文即在描寫楊專員及阿雄的愛作弄別人、愛看別人出醜的個性了。而阿雄的愛貪小便宜以及眾多的愛湊熱鬧、愛管閒事的芸芸眾生，那是所在皆是的。尤其特別著

墨於執法警衛的顢頇、雞毛當令箭、食古不化、公報私仇、擴大解釋法令等的不當行徑。而此處所謂的執法警衛，其實也是在指當政者或擁有立法權者、或具有行政支配權及法規解釋權者等所謂的權貴。

此外，該文也在貶抑那些未遭指名道姓的人，他們是那些平時看起來很忠厚老實的人，其實暗地裡卻是「兩隻眼睛骨碌骨碌的在轉了好幾圈的，然後他就趁著沒人注意的時候，他就把愛國獎券統統的撿走了。」而這種人事實上在人世間裡，也是所在皆是，亦即所謂的「偽善」的人；而那種「偽善」的人，那是平時裡看似好人，暗地裡卻更是中傷他人、告密他人的人。而且那種「偽善」的人，較諸於一眼即可分辨出來的「壞人」更是可怕了；所謂的「明箭易躲，暗箭難防」。以及楊專員愛作弄別人、愛看別人出醜的個性，最後卻也被反嚙，實為咎由自取。

〈陰錯陽差〉在寫青春男女交友的活動以及錯綜複雜的人際姻緣的關係；也在指涉「姻緣天定，無法強求」。

〈策略馴悍〉，以第一人稱，全知型的敘述觀點，書寫小說。男女在剛結婚，因不諳對方的容忍底線，常會出界而發生衝突，或者說有一方想壓制對方，而對方卻不從，因之產生衝突；也常有因見解、習慣、性別的差異、情緒的反應不同而有所爭執。

坊間也有新婚的夫妻，如妻子不願婚後被丈夫太過於壓制，則可於新婚夜將自己的拖鞋壓於男方的拖鞋之上的傳說。另有一種說法，如第一次發生爭執時，可強力的壓

制對方，不要失了氣勢，則將來的日子會比較好過一些。

作者在另一本著作《鞋底‧鞋面 —— 趙迺定詩集早期作品之一》，有蒐集拙作〈伊是無體動物〉、〈帆與港〉、〈泊一個我在妳上〉、〈愛情季總多雨〉、〈而伊仍是〉、〈鞋底‧鞋面〉、〈當伊不在家〉等十五首詩作，都是在寫夫妻生活的詩題，而那些都是每個家庭會碰到的夫妻相處的問題。

女性的情緒，除經常會受到賀爾蒙分泌的影響而善變以外，自也因其個人的成長環境與男性的差異較大，社會的要求不一，認知也有不同，所以無法事先掌握瞭解溝通，而每每有出人意料之外的情況發生。

學問原本就是累積人類社會的智慧結晶，很多都是可以被傳承下去的，可以被學習的；然而夫妻間家庭問題的產生與解決方式，並非專靠智慧結晶的傳授與應用即可達成的，而應因時因事妥善的應用。而此，只因個體行為並非法則可以全然套用的，而個體行為亦有活生生的情緒反應，而那些法條、規範或準則，則是全然冰冷的東西。

所以夫妻問題的解決，就要靠耐心、容忍、體諒、相互磨合、關懷與體貼，慢慢的、一步步的修正、改進、處理；久而久之的，因相互瞭解與相互的磨合，自然而然的可以找出夫妻兩個人特有的、專屬的相處之道了。夫妻的差異性大，除互補以協同走過人生的道路以外；有時也是「酸甜苦辣鹹淡／百味雜陳」，而這何嘗不是人生的修行與體驗。

　　〈策略馴悍〉同前述的詩作一樣，是寫夫妻的衝突→擔心→以達到和解。第一人稱的「我」，過慣了自由自在的生活，於今卻隨時被呼喚指使著，而那種被監督、指揮、壓迫的反感，總有一天將會爆發的。而在雙薪的家庭，兩個人都要上班的，卻在下班後，還要忙碌著家務事，所以掌家事多的女方在勞累與不甘心下，情緒也是較易波動的。而這麼一來的，衝突當然在所難免了。

　　然而，人家說：「吵架沒好話！」；又說：「夫妻還是夫妻，所謂的『一世夫妻三世情』，能結為夫妻，其姻緣、情份何其深呀！能不珍惜？所以雖說吵架時口出惡言，其實所罵出的無厘頭話語，自己都會震驚的，事後並且會後悔所罵出的『髒話』。作者所以寫這種夫妻吵架的小說，其實也是在告訴讀者，讀者所遇到的夫妻問題並不是讀者所獨有的，不管任何人，其實做為「夫妻的一方」，都會遇到的。看了這個小說，對於自己家庭生活的風波與衝突，自也可以淡化其受傷性，不要再那麼的計較了，好好的維持夫妻婚姻生活才是最重要的。

　　〈善行〉寫第一人稱「我」的受騙記；「我」是主角，而那個「額頭有個凹下去的疤痕，約莫六十來歲乾瘦的老年人」是配角。這個小說就在主角「急著回家」與「怕被耽誤時間」，及是否施捨那「五十圓券」的衝突中開展了；而最後「主角」是在天人交戰後，勉強把那「五十圓券」施捨，並且自認做了「善行」；但次日，才驚訝於「受騙」。該小說也是在人性的善良與邪惡、自私與施捨間的衝突擺

盪著。

〈靈與肉〉「靈」指鬼神，神靈，也是精氣的所聚，是相對於肉體，而指人的精神面相。此外，「靈」也有靈巧、靈性、靈光、靈活、靈氣的內涵意義。而「肉」，則指動物骨骼周圍所附的柔韌質，其中廣布著血管與神經的系統；人的性器官與性感地帶，如接受到刺激將會有性慾之勃起與衝動。而「肉」，亦有肉麻、肉跳、肉感、肉慾的內涵意義。

該小說是寫男女的心靈交融與性慾滿足的衝突對抗。從人的傳宗接代來看，必須給男女性慾的滿足，才會傳延後代；但從歷史的延續來看，為求社會的和諧、安詳，就需要妥善的限制其性慾的橫流，而應代之以心靈的交融為男女夫妻愛情的表徵之一。

本文阿桃為肉慾與性慾的表徵，而阿春為心靈的表徵，而阿森則為肉慾與心靈的綜合體，肉慾與心靈的交融均為其所需，均能給予他快樂與滿足，最後阿森選擇了阿春，表示他已昇華了。

其實，一般的成年人或夫妻，其對肉慾與心靈交融的選擇，亦如是的；當年輕力壯完成傳宗接代以後，其對肉慾需求將逐漸減少，而夫妻之愛已然偏向心靈交融了。

〈媽媽的影子〉這一篇小說係以第三人稱的「她」，來敘述探討夫妻的衝突與相處之道。該主題在闡釋父母對子女的影響至大，父母的形象、思想、觀念與作法就是子女學習的表徵，也是子女模仿的主要對象；所以為人父母

者實應謹言慎行，以做為子女的好榜樣。當然啦，小孩個性的養成，並非僅是模仿父母而已，其他如老師的教導、同儕的感染以及其他的生活環境、社會環境、教育環境、通訊傳播等的力量，均為影響條件之一。

〈肚子裡的貨〉這一篇小說，也是在探討夫妻的衝突與相處之道，該主題直言「猜疑心」的害人，而醋勁太大不但會蒙蔽事實的真相，兼且會破壞夫妻間的互信互愛情誼。

〈七年之癢〉這一篇小說也是在探討夫妻的衝突與相處之道，其主題在寫夫妻生活的日久倦怠感；當熱烈的愛與慾求趨於平淡無奇後，免不了會幻想或期待外遇。而對於外遇，對於另外的一種因緣，有的人會想想而已，臨到頭又打了退堂鼓，因為他不願留下後悔；而另外有一種人，也許真會去實施的，而也或許會對他造成很大的影響。

〈未完成的自首〉主題在於人都有羞恥心，也有良知，除非是冥頑不靈的人；而人如果真想要改過自新，應及時行之，以免錯失了機會。被社會認定為「壞人」的人，在自己有了骨肉親情或其他的原因，常也會想要金盆洗手的。然如想到即做，那就不會有差錯了；而如仍抱著僥倖的心理，就常會有「夜長夢多」，則恐將不盡如人意了。

〈童年的偶像〉係以詼諧、諷刺、戲謔、無奈，來描寫青春的幻滅。偶像是「超時空」的；有時經時空的劇烈變動，偶像就會變成「不忍卒睹」的狀態了。偶像常是見不得變老的，也由之而讓我對有些藝術家或者文學家，在

其最巔峰的時期，他們的自行了結其生命有所感悟。當然，此處所謂的「變老」，其實不僅是時光推移的變老而已，有時也是「江郎才盡」的變老；對一個作家或藝術家而言的，沒有作品就沒有作家或藝術家的生命了；也就是說那個作家或藝術家已然不具備作家或藝術家的身分了。

〈「智慧方塊」與爛蘋果〉指出人有兩種，一種是全瓶不響，另一種是半瓶晃；殊不知「天上有天，人上有人」，而即使在這一塊你是「人上人」，可是在另一塊呢？所以人生在世，也無須無知到囂張的地步了，凡事謹守分寸為宜。該文亦隱含人間裡的詐術很多，第一人稱的「我」、他以及賣蘋果的、賣智慧方塊的人，無一不是「詐」者。

〈長髮女孩與百元鈔票〉寫出許多人都會縱容自己；這種縱容，包括對金錢和時間上的縱容。而其縱容的結果，就是功課變的差了，還有就是後來的寅吃卯糧、捉襟見肘，擔驚受怕。

而在這種經濟上有困窘時，卻是天外飛來一筆的「遺失物」；對此「遺失物」，人而能不為自己考慮者甚少，所以就衝動的花用了。而之後，待那個良知覺醒了，就開始天人交戰；而最後是「良知」戰勝了，具有教育的意義。

（2013.06.21）